# 天運の法則

脳と心と魂の人間学

西田文郎

THE LAW OF DESTINY

Fumio Nishida

現代書林

# まえがき

「天運の法則」――。

これは、私が皆さんに最後にお伝えしたいことである。

私は、これまでの約40年間、全国各地でさまざまな勉強会を行い、また50冊ほどの著書を出版して、脳に関する数多くの原理とノウハウを全国の皆さんにお伝えしてきた。

その中でも、特に私にとって究極と考えている脳の勉強会がある。それは次のように大きく3段階に分かれている。

1 強運の法則
2 繁栄の法則
3 天運の法則

1の「強運の法則」については、「西田塾」という経営者向けの特殊な勉強会でお伝えしてきた。形態は変わったが、初期の頃も含めて40年近く続けているものである

ここでは、経営者が真の大成功を成し遂げるためには、潜在意識に「強運をつかむ脳」を条件づけることが必要であるということを基本に、経営上の戦略や戦術、分析の方法などもお話ししてきた。

この「西田塾」は6カ月の連続講座なのだが、成功者続出との評価もいただき、すでに4000人という多くの方々に参加していただいた。経営者の皆さんに、脳の本当の仕組みを知っていただき、ご自身の夢を実現してもらうお手伝いをしてきたつもりだ。

2の「繁栄の法則」は、1泊2日の勉強会として開催している。

ここでは、真の大成功をおさめる経営者には、「強運の法則」だけではなく、人望や人気が不可欠であり、周囲に感謝して、他人を喜ばせることが重要だということをお話ししている。

企業にとって根っことなる理念やグランドデザインをしっかりつくり、幹となる経営者と社員や社員同士などの人と人との絆を太く強く育てることで、素晴らしい花が咲き、立

派な実がなる、つまり大きな成果が出るという内容である。

そして、本書のテーマでもある3の「天運の法則」であるが、これは2年前の2015年から3カ月の連続講座として開催している。

「天運の法則」は、究極中の究極と言えるもので、人間の成功の最終法則である。私はもともとこれを外部に向けて話をするつもりはなかった。

しかし、その考えが変わったのは、命に関わる病気になったからである。死を意識したことで、自分の命があるうちに何が何でも伝えておかなければならないと強く感じたのだ。そして、さらにそれ以上に、今の日本の現状を見るにつけ、今こそ「天運」について伝えておくべきだと考えたからである。

なぜ今なのか、日本の現状とはどういうことなのかは、本文を読んでいただければわかると思う。

この「天運の法則」も他の2つの法則と同様に、脳に深く関わっている。

本文にも出てくるのだが、人間にとっての究極の問いがある。

「あなたは、何のために生まれてきたのか?」

「何のために生きなければいけないのか?」

「どのように人生を終えたら幸せだと思うか？」

あなたはこれらの問いに、今すぐ答えられるだろうか。

この究極の問いを明確にすることは、人生を生きる上で非常に重要で、非常に難しいことである。実際、世の中の多くの人が、ただ生活のためだけに仕事をして、本当の自分を見失って生きてしまっている気がしてならない。

実は、それらを決めているのが脳なのだ。40年研究しているが、脳は本当に恐ろしいと思う。

つまり、人間が感じる幸せも不幸せも、成功も失敗も、感謝も不満も、すべての答えは我々人間の脳の記憶データにあるのだ。そしてその記憶データの中に、生きていく上で幸せになるため、生きがいを感じるために重要な項目があるとしたら、それがこの「天運の法則」なのである。

人間には、生きている中でいろいろな出会いがある。子どもとして生まれてきたときの親との出会いに始まり、兄弟姉妹がいたり、結婚したり、子どもができたり、孫ができたり……など、家族に限っただけでもたくさんある。

そのときに、自分の幸福の絶対条件は1つや2つではない。そして重要な項目は1つでも欠けてはいけない。１つ欠けると完璧ではなくなるからだ。

それらのすべてが連動したときに、天からいただいた運、すなわち「天運」を感じるようになる。そうすれば、いつでもありがたいと思って生きられる。たとえば、自分の命がなくなるときにも、「ありがたかった」「人生に悔いはない」と思って死んでいけるのだ。

よく考えていただきたい。１５０万種の生物の中で、人間だけは親のことを考えたり、兄弟姉妹のことを考えたり、子どものことを考えたり、会ったことのない先祖のことを考えたりできる生物なのだ。だからこそ、人間は成長してきたのである。

私が考えるに、生きる目的とか生きがいというのは、間違いなく伝承・伝達から来ている。「天運の法則」で人生を生きることで、それはより信念のあるものになる。その状態で日々を生きることを先祖も望んでいるだろうし、未来の子どもたちにも、未来の仲間たちにもそういうものを伝達していかなければならない。

死は必ず誰にでもやって来る。今来ていないからそれを感じることはできないが、いずれは間違いなく訪れる。「天運の法則」があれば、そういう状況に対する処理能力も変わっていくのだ。

こう説明しても、なかなか理解できないかもしれない。それは本書を読んで感じ取ってほしい。私なりに詳しく説明したつもりだ。

「天運の法則」は、生きるという生き方を変えてくれる――。

本書ではそのために、あなたに過去を調べてもらったり、さまざまな問いに答えを出してもらうようにしてある。

その結果、「天運の法則」が、人間としての「伝承・伝達の法則」であり、経営者の「心への楔の法則」でもあることがきっとわかってもらえると思う。

私は入院中に、〝最後の仕事〟として「天運の法則」を伝えていくことを決めた。それと同時に、本書を出版することも決意した。

ここには、本当に一番大切なことを著した。どうか私のこの思いを受けとめていただきたい。本書に込めた命を感じ取ってほしい。

# 目次

# 序 天運の法則

## 1 天運の意味



## 2 天運と脳

第2章

# 天運を知る

魂に刻み込まれた伝承・伝達が正しい道を指し示す

# 第3章 天運を感じる

先祖から引き継がれた教えが誇りと自信につながる

# 第4章 天運を磨く

心の奥底にある
思いによって
すべての結果は決まる

# 第5章 天運を信じる

大変革に負けない思考は
伝承・伝達の
魂に支えられる

# 第6章 天運で生きる

命がけで
真の使命を果たすことに
人生の意義がある

補章

# 天運を強化する瞑想

# 序

# 1　天運の意味

## あなたは天運のある人間か

まず、皆さんに一つ質問をしたい。

**・あなたは、「運」のある人間だろうか？**

世の中には、「運」のある人間と「運」のない人間がいる。私は長年、経営者の皆さんの能力開発を手助けする「西田塾」という特殊な勉強会を主催してきた。そこで多くの経営者の皆さんとお目にかかってきたが、やはり一流の経営者には「運」があるものである。逆に、経営者になるには「運」がなければならないとも言える。

同じ環境や条件であっても、「運」を感じている人は必ず事を成就させ、感じていない人はあきらめることになる。

物事を進めていけば問題は必ず発生するし、ピンチも訪れる。ときには「まさか」の出来事も起こる。このとき、本能的に「運」があると感じている人は、自分を信じているから、大きなプレッシャーを感じても、どんな窮地に立たされても、強い信念で立ち向かうことができるのだ。

しかし、「運」がないと思っている人は、自分を信じ切れないので、逆境に耐えられず、あきらめてしまう。事がうまく運んでいるときでも、否定的なことが起こると、すぐに自分が信じられなくなる。信念が揺らいでしまうのだ。これでは、成功するはずがない。

「運」を感じることができないと、自分を信じることができないだけでなく、他人を信じることもできない。当然ながら、これでは協力者ができないので、「運」のよい人との出会いも起こらない。こうしてどんどんツキから見放されていくことになるわけだ。

「運」を感じている人は、人を信じるので、周囲に人が集まってくる。さらに、「運」のよい人と出会い、付き合いを深めて、「運」のよい人たち同士のネットワークを形成していく。

「類は友を呼ぶ」という言葉があるが、これは本当である。「運」がよい人は、「運」がよい人としか付き合わないし、上昇機運の者同士で集まれば、相乗効果で一層よい波に乗ることができるのである。

さて、ここでもう一つ、重要な質問をさせていただく。

### ・あなたは、「天運」のある人間だろうか？

この問いにはさまざまな答えがあるだろう。しかし、「自分には天運がある」と言い切れる人は少ないのではないだろうか。

多くの人は「天運に恵まれたい」、あるいは「天運があるような気がする」という答えなのではないだろうか。まれに「自分には天運がある」と答える方もいると思うが、心底から迷いなく確信しているかどうかは少し怪しい気がする。

なぜ、「自分には天運がある」と言い切れないかと言うと、そこには理由がある。「天運」とは天から与えられた特殊な運命であり、自ら獲得することは難しいという前提で考えている人がほとんどだからだ。

世の中には、時代を変えるような大事業を成し遂げる経営者がいる。多くの人は、そのような超一流の経営者は、人為を超越した「運」の持ち主であり、なろうと思ってなれるものではないと思っている。

しかし、脳のことを知れば、誰でもそうなれることがわかるのだ。

「運」にもレベルがあって、「運」の中の「運」、それが天から与えられた「天運」である。人間の脳には、錯覚領域と確信領域があって、「天運があるような気がする」というのと、「天運がある」という違いこそが、まさにそれである。

圧倒的な確信をもって「私には天運がある」と言えるようになる。それが、本書で公開する「天運の法則」である。

さて、もう一つ質問をさせていただく。

## ・あなたは、何のために生きているのか？

この質問は経営者としてのあり方を問う本質的な質問である。

あなたは、自分がこの世で果たすべき役割について気づいているだろうか。それが、この問いの答えへのヒントとなる。本書を読み進めていくと、いずれわかっていただけると思う。

## 大切な法則の多くは3つで構成されている

「天運の法則」の話をする前に、「三種の神器」についてお話しなければならない。

かつて、「白黒テレビ・洗濯機・冷蔵庫」を「三種の神器」と呼んでいた時代があった。1950年代、戦後の復興期において、これらの家電製品は庶民の憧れの的だった。

では、この言葉のもとになった、真の「三種の神器」は何であるか、皆さんはご存じだろうか。

「三種の神器」とは、『古事記』や『日本書紀』に記された日本神話で、天照大神《あまてらすおおみかみ》から、その孫に当たる瓊瓊杵尊《ににぎのみこと》に授けられたという「八咫鏡《やたのかがみ》」「八尺瓊勾玉《やさかにのまがたま》」「草薙剣《くさなぎのおおつるぎ》」のことである。

『古事記』や『日本書紀』に記された日本神話では、日本は「葦原中国《あしはらのなかつくに》」と呼ばれるが、瓊瓊杵尊は天照大神の命令で葦原中国を治めるために天降《あも》ることになるのである。天降るとは、神様などが天から地上に降りることである。瓊瓊杵尊は宮崎県の高千穂峰に天降ったとされている。

本書では、三種の神器をわかりやすく「鏡・玉・剣」としてお話ししていこう。

この三種の神器は、皇位の印として日本の歴代天皇に継承されてきた。現在、鏡は伊勢神宮（三重県伊勢市）に、玉は吹上御所（東京都千代田区）、剣は熱田神宮（愛知県名古屋市）にそれぞれ安置されていることになっている。

さらに、三種の神器には、それぞれに象徴する徳があって、鏡には知恵、玉には仁愛、剣には勇気という意味が込められているとされ、この3つの徳を持つことが必要だと伝えられている。

また儒教においては、この3つの徳を「三徳」であるとしている。

「三徳」というのは、『論語』子罕《しかん》篇に出てくる「子曰く、知者《ちしゃ》は惑《まど》わず、仁者《じんしゃ》は憂《うれ》えず、勇者は懼《おそ》れず」に基づいているとされる。「知（智）」は道理に明らかであること、「仁」は道理に従って善処できること、「勇」は志があって決断・決行できることを意味し、3つの徳を簡明に説いたものである。この3つの徳は、人、とりわけ君主が守るべきものとされている。

### 三種の神器の意味

| | |
|---|---|
| 鏡 | 知恵 |
| 玉 | 仁愛 |
| 剣 | 勇気 |

### 三徳の意味するもの

| | |
|---|---|
| 「知」の意味 | 道理に明らかである |
| 「仁」の意味 | 道理に従って善処できる |
| 「勇」の意味 | 志があって決断・決行できる |

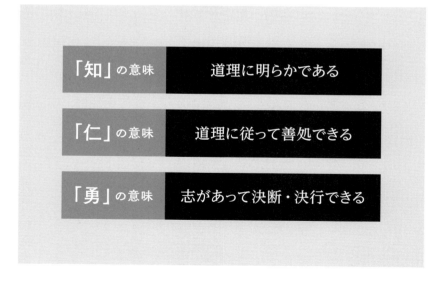

# 序

こうして見ていくと、この「三種の神器」や「三徳」をはじめ、あらゆる分野の成功法則は「3」の数字で構成されている場合が多いことに気がつく。

アスリートに必須の3要素は「心・技・体」である。「心」は精神修養、「技」は技術の鍛錬、「体」は身体の発育である。

また、孟子は、「天の時は地の利に如《し》かず、地の利は人の和に如かず」（天の与える好機も土地の有利な条件には及ばず、土地の有利な条件も民心の和合には及ばない）と解き、「天の時・地の利・人の和」を戦略が成功する3条件だとした。

一方で、江戸時代から明治にかけて活躍した近江商人（今の滋賀県出身の商人）が大切にしてきた商いの理念が、「売り手よし、買い手よし、世間よし」の「三方よし」である。売り手とお客さんが満足するだけでなく、世の中すべてに喜ばれる商売をしようという意味で、近江商人はこの「三方よし」で信用を得てきた。

このように、自らの利益のみを求めず、多くの人に喜ばれる商品を提供し続け、社会に役立ち、信用を獲得していく姿勢というのは、現代の経営哲学にも通用するものである。企業の社会的責任（CSR）が重視されるようになった昨今、再び注目を集めていることを書き添えておきたい。

## 経営者に必要な3つの力

このように、大切な法則は3つの要素で支えられている場合が多い。

私は、経営者に必要な3つの力について、勉強会などでお話してきた。それが、「知《ち》・徳《とく》・胆《たん》」である。

「知」とは「知性」であり、分析力である。組織経済学、戦術・戦略、マーケティング、財務、実行力といった、ビジネスモデルの構築に関する部分で、いわゆる「金儲けの仕組みづくり」である。

「徳」とは、人望、人間力などといった、経営者が備えておくべき「心」に関する部分である。

最後の「胆」とは、「胆力」であり、決断力である。度胸と言ってもいいだろう。度胸のある人のことを「肝が据わっている」という言い方をするが、経営者は決断力がないと、まず成功しない。情熱、度胸、勇気、正義、信念、執念、独自力、達成力、先見性、予知力などといった、メンタルタフネスに関する部分である。

## 経営者に必要な3つの力

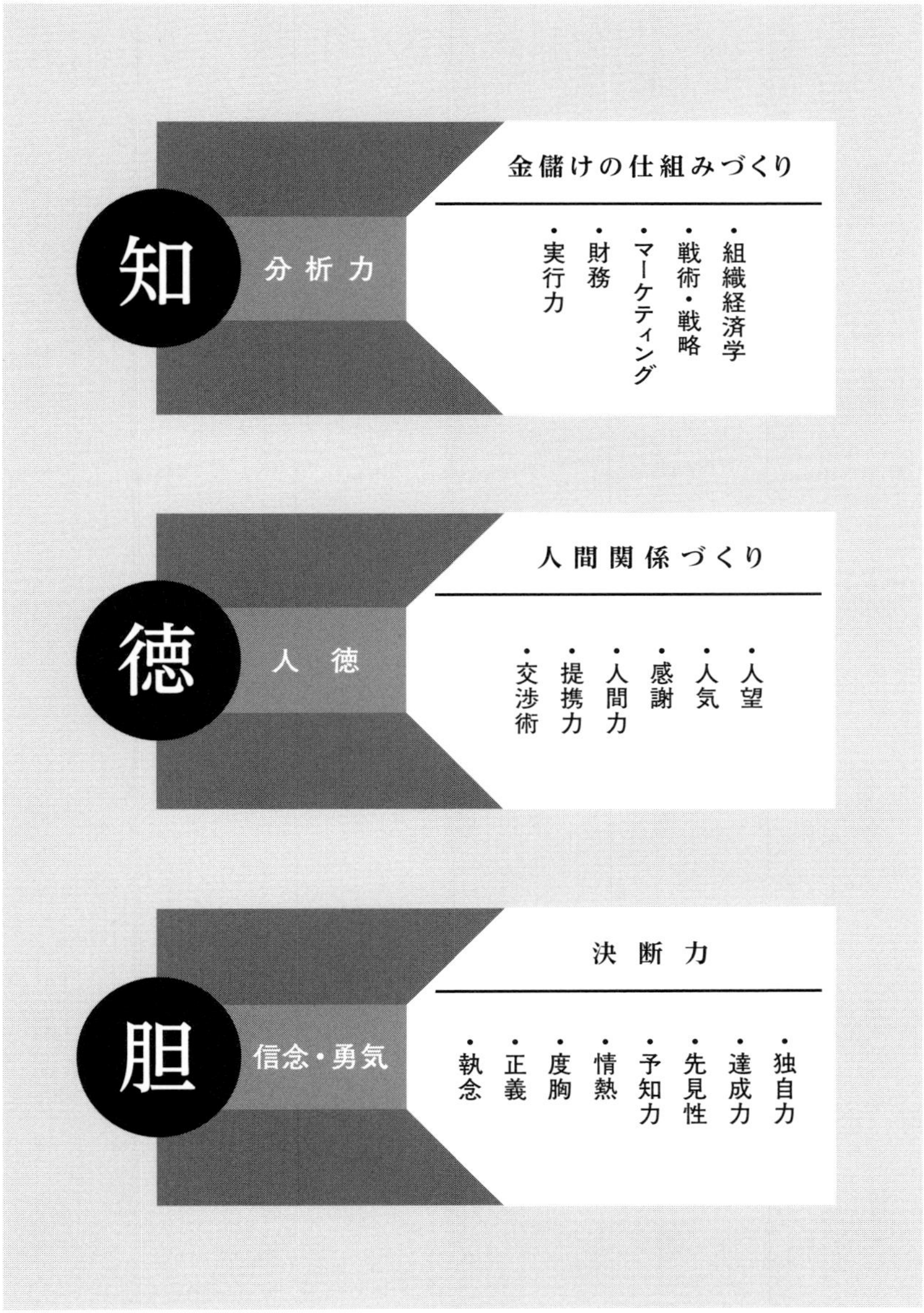

## 2つの成功を支える「胆力」

私は、これまでの勉強会や著書の中で、成功には「社会的成功」と「人間的成功」の2つの成功があるとお話してきた。そして、経営者の皆さんには、一見すると相反するように見えるこの2つの成功を両方とも目指すようにお伝えしてきた。

「社会的成功」とは、競争原理によって成り立っているこの社会での成功である。経営者ならば、他社との競争に〝打ち勝つ〟ことで、高い地位や収入、企業繁栄を獲得することである。

社会的成功を実現するには、極めて厳しい戦いに勝利する必要がある。一生懸命に社会的知性を高めていかないと、競合やライバルには勝てないからだ。

言い換えるならば、社会的成功は「正しさ」の追求である。経営ならば、いかに正しい営業戦略や財務戦略を選択できるかで、効率性や生産性を追求して、その結果として社会的成功に到達できることになる。

それに対して、「人間的成功」は精神的な成長や充足によってもたらされるものである。

その際、家族や友人、近しい人たちとの良好な関係は欠かせない要素となるので、「他者を受け容れる能力」が必要となる。

人間が一番気づかないものが「自分自身」である。他人のことは気づかなくてもよいことまで気づくのに、自分の欠点にはなかなか気づけないものだ。

不思議なことに、人間は自分の愚かさに気づくと、人間的に成長するものなのである。自分の愚かさに気づいている人は、謙虚である。反対に、自分の愚かさに気づいていない人は、すぐ図に乗って見苦しいばかりだ。

「人間的成功」とは言い換えるならば、「己の愚かさ」の追求である。人間はどうしても「自分は他人より優れている」と思いがちである。この心持ちでは他者を受け容れることは難しい。

自分の愚かさに気づいている人というのは、たとえ自分のほうが能力的、経済的に優位だとしても、決して驕ることなく、相手の美点や長所を見出して、自分の愚かさに気づくものである。

ただ世の中を見てみると、「社会的成功」を手にしようとがむしゃらになって働くあまり、もう一つの「人間的成功」をないがしろにしてしまう経営者が実に多い。

「社会的成功」と「人間的成功」

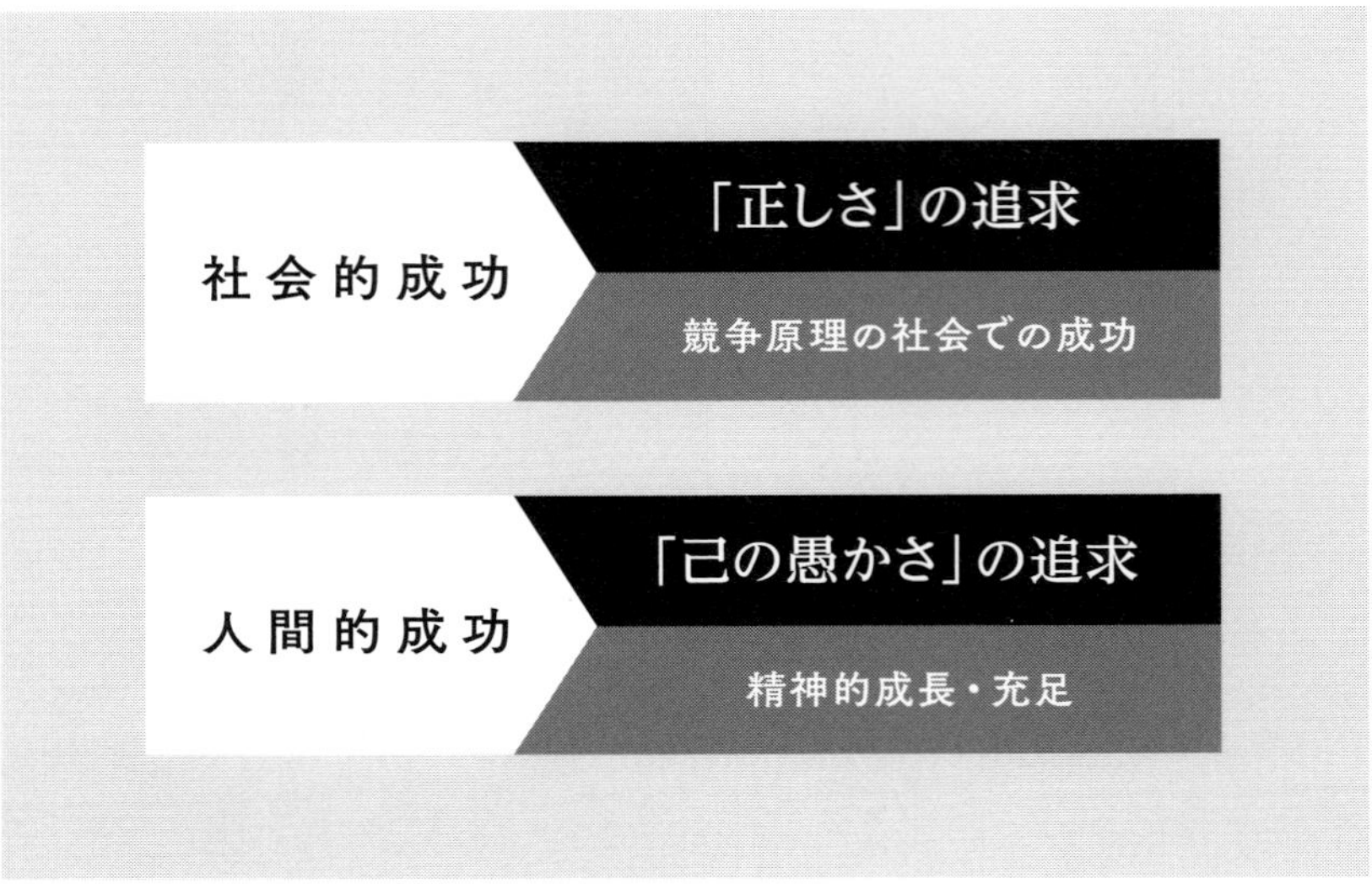


家庭をまったく顧みることなく仕事一辺倒になり、富と名誉は手にしたものの、妻や子どもに愛想を尽かされて、結局は豪邸に一人ぼっち取り残されて、心の中の大きな喪失感と孤独感にさいなまれる人もいれば、自分の健康には目もくれず、がむしゃらに仕事をして、会社は急成長したものの、内臓もボロボロで、体力も衰退し、病床に伏せってしまう人もいる。

このように、いくら大きく稼いで「社会的成功」だけを達成しても、「人間的成功」がなければ、優越感や達成感はあっても、幸福感は味わえないのだ。社会的成功だけを考え、感謝や恩を感じないでいると、どんなに大金を手に入れたとしても、誰にも感謝せず、感謝されることもなく、孤独な人生のまま死んでいくことになるのである。だからこそ、私は経営者の皆さんに「社会的成功」と「人間的成功」の2つを目指すようにとお伝えしてきた。

前項でお話した経営者に必要な3つの力に当てはめると、「社会的成功」が「知」、「人間的成功」が「徳」である。この2つの成功を同時に追い求めることが、真の成功につながる道なのである。

そして、一流の経営者になるには、もう一つ大切な力が必要なのでなる。それが「胆力」である。胆力とは、度胸、勇気、執念、決断する力などのことである。いくらビジネスの戦術・戦略が得意でも、行動できなければ成功できない。人気や人望があっても、ときには勇気をもって人を指導することができなければ、甘いだけの経営者になる。目標を設定し、夢を持って、どんなに苦しい状況にもチャレンジし続ける度胸に、人は魅力を感じるものである。

経営者は毎日が判断と決定の連続である。経営には度胸が必要なのだ。確実に最もよい道を選択するためには、「社会的成功」と「人間的成功」を支えてつなぐ「胆力」を身につけなければならない。

## 3つが揃うと圧倒的な力を発揮する

私は、約40年にわたり、人間の脳の働きについて探究を続けてきた。

人間の脳は、大まかに言うと、「大脳新皮質」「大脳辺縁系」「脳幹」の3層に分かれている（44ページ図）。

大脳新皮質は、脳の表面に最も近い層にあり、「知性脳」と呼ばれる部分である。

大脳辺縁系は、大脳新皮質に覆われた部分で、「感情脳」とも呼ばれる。

そして脳幹は、心臓の拍動や呼吸を調節して、命の維持や本能を司っている。

また奥の脳には、「天運の法則」で脳幹とともに重要になる「大脳基底核」という部分がある（45ページ下図）。大脳基底核は、大脳皮質と視床、脳幹を結びつけている神経核の集まりで、運動調節、認知機能、感情、動機づけや学習などの機能を担っている。

私はこれまで、「強運の法則」「繁栄の法則」という経営者にとって大切な法則を、著書や勉強会を通してお伝えしてきた。そして現在、本書とともに「天運の法則」についてお話をしている。

これらの法則は、先ほどの「知・徳・胆」と脳の3層に当てはめることができる。「強運の法則」は「知」で、大脳新皮質に働きかけるものである。経営者が真の大成功をつかむために、まず最初に行うべきことは、潜在意識に「強運をつかむ脳」を条件づけることである。

「繁栄の法則」は「徳」で、大脳辺縁系に働きかける法則である。大事業を成し遂げる社長の器の法則であり、繁栄する組織の絶対法則である。この「繁栄の法則」もまた、「根の法則」「絆の法則」「分の法則」の3つの法則で成り立っている。これは、必ずこの順番でなくてはならない。

簡単に説明しておこう。

木に例えるなら、「根の法則」は根っこの部分である。企業にとっては理念やグランドデザインを指す。根っこがしっかりしていなければよい木には育たないし、根腐れすれば枯れてしまう。

「絆の法則」は根の上に伸びるしっかりした幹である。幹とは経営者と社員、社員と社員、人と人の絆である。根がないところに、真の絆はできないし、絆のないところには真の繁栄はない。

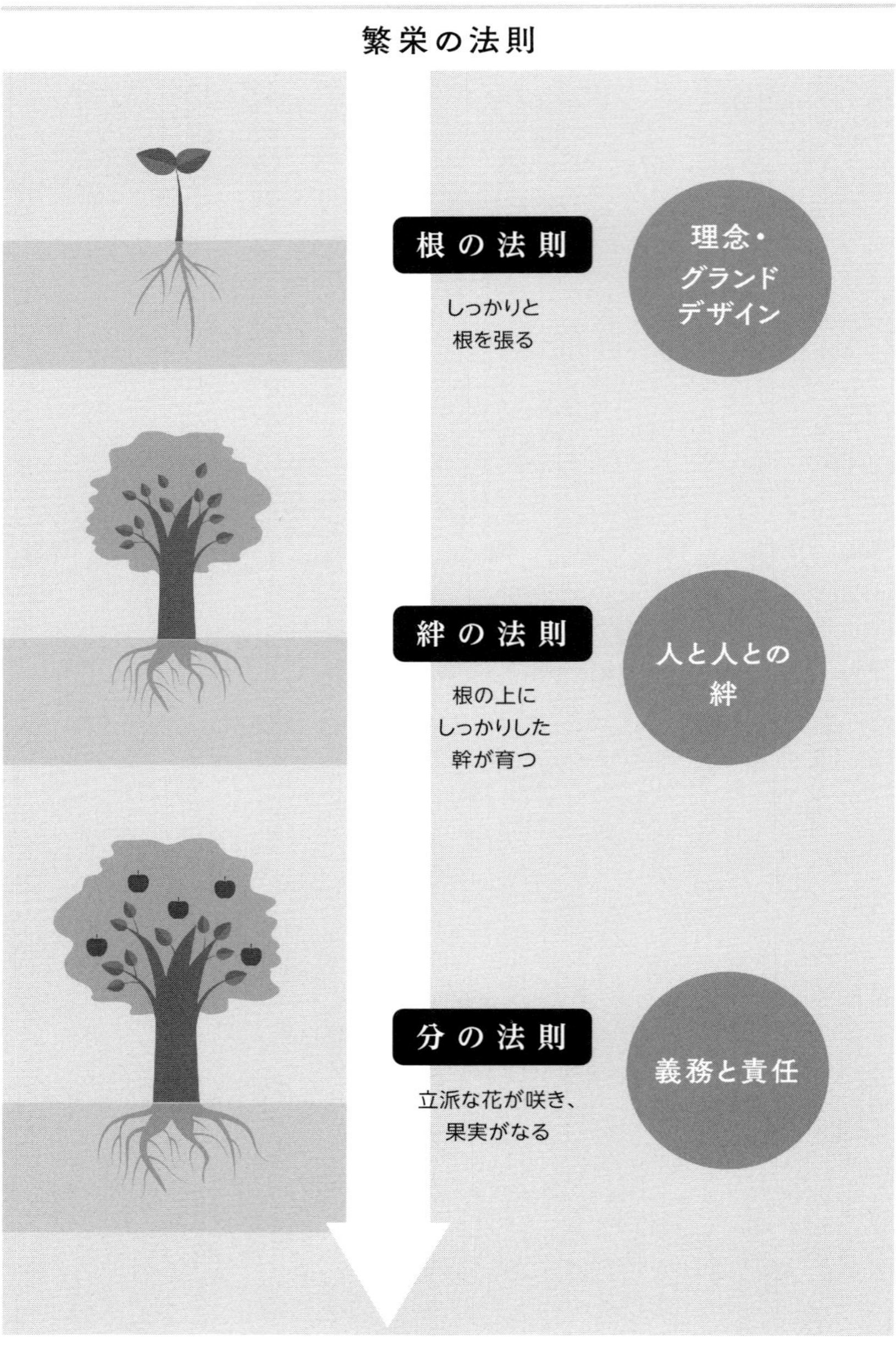
繁栄の法則
根の法則
しっかりと
根を張る
理念・
グランド
デザイン
絆の法則
根の上に
しっかりした
幹が育つ
人と人との
絆
分の法則
立派な花が咲き、
果実がなる
義務と責任

そして、「分の法則」である。ちゃんとした木には、立派な花が咲き、素晴らしい果実がなるもので、栗の木には栗がなるし、みかんの木にはみかんがなる。これは、当たり前のことである。

しかし、それをわかっていない経営者が意外に多い。いい加減な木には、いい加減な実がなる。打算的な木には、打算的な実がなる。理想に燃える木には、理想に燃える実がなる。つまり自分の役割を果たす義務と責任のことである。美しい花を咲かせ、豊かな実を収穫したいのであれば、しっかりとした木を育てなくてはならないのだ。

これが「繁栄の法則」である。

そして、本書の「天運の法則」は「胆」で、本能の脳に働きかけるものである。

この「強運の法則」「繁栄の法則」「天運の法則」は、三つ巴で働いて初めて圧倒的な力を発揮し、加速度的に運が巡り出すのである。

「知」だけが強く「徳」が弱いなど、三つ巴のネットワークがうまくいっていないと、財務は強いが社内の絆がなく営業力の弱い会社になる。また、「徳」が高く「知」が弱くても同様である。天運的経営を行うには、知・徳・胆の三つ巴のネットワークづくりが大前提となるわけだ。まさに、「経営者の三種の神器」と言える。

## 経営者の三種の神器

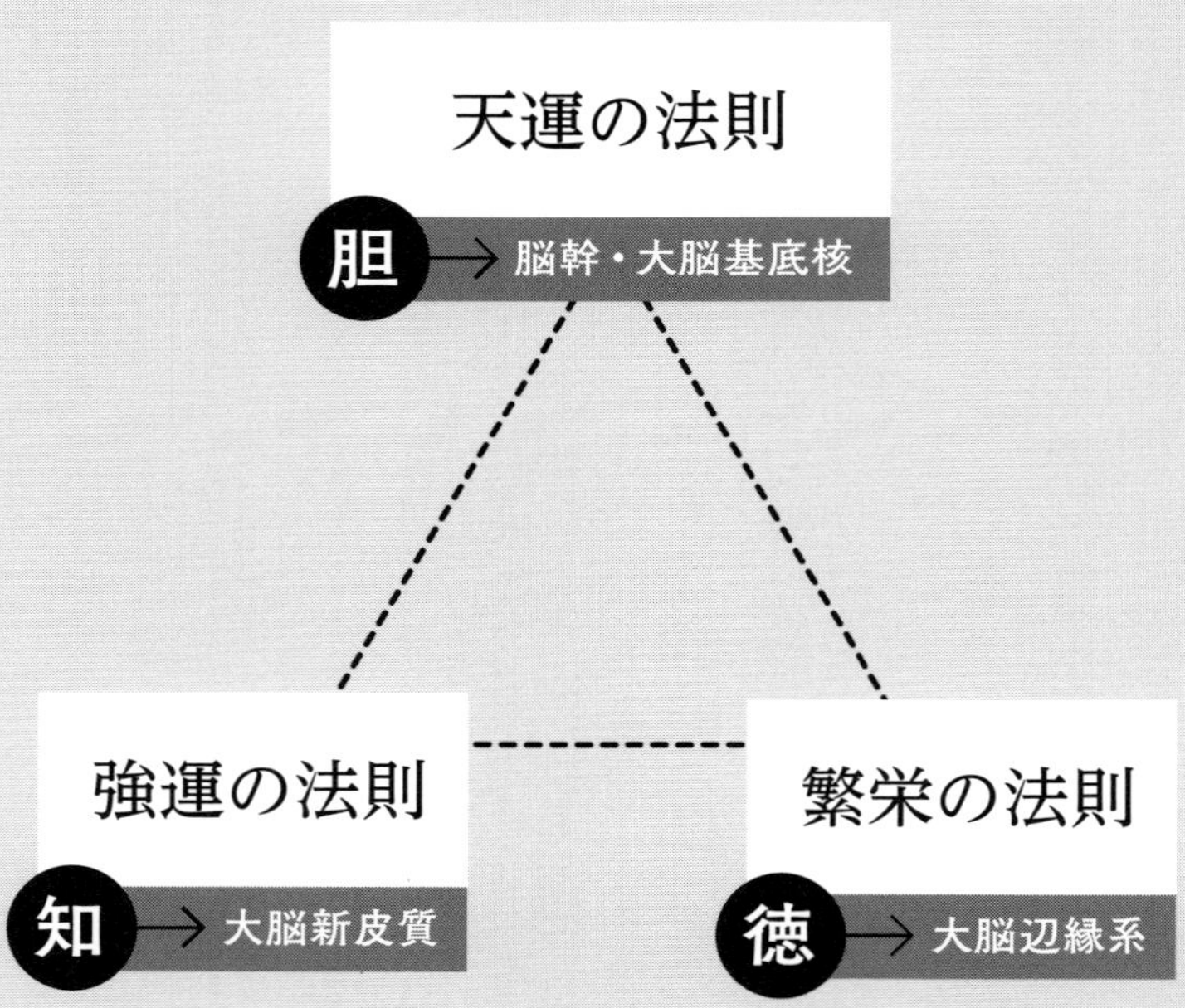


「強運の法則」「繁栄の法則」、そして「天運の法則」が
「経営者の三種の神器」となる。

# 2 天運と脳

## 人間の脳は底が知れないほど深い

前節で、天運のもととなるお話をしてきた。これをものすごくシンプルに言ってしまえば、「天運」とは魂の話である。

私がこのように申し上げると、「西田は命に関わるような病気をして、少し神がかってきたのではないか」などとおっしゃる方がいるかもしれない。だが、そうではない。私が申し上げる魂とは、霊的な話でも宗教でもなく、脳の機能の話なのである。

私は、「自宅の電話番号を覚えている人は天才だ」と、常々お話してきた。電話番号というのはたいていい10桁くらいの数字である。10桁の数字と一口に言っても、これを記憶するには大変な能力を要する。

たとえば、私たちは年号の4桁あるいは3桁、ときには2桁の数字がなかなか覚えられなくて、「イイクニつくろう、鎌倉幕府」などと散々苦労しながら覚えてきたわけだ。ところが、自宅の電話番号となると10桁もあるのに簡単に覚えてしまう。

年号を暗記するのとは違って、「自宅の電話番号を記憶するのが嫌だ」と言う人は、まずいないだろう。「なぜ、こんなものを覚えなくてはならないんだ」とか、「面倒くさい」という否定的な感情、マイナス思考がそこには働かないからである。

だから、簡単に頭に入る。さらに、ことあるごとに反復されて記憶が強化され、絶対に忘れられなくなるのである。

人間の脳はスーパーコンピュータに例えられる。人間の脳は、1000億個もの神経細胞が接続し合って複雑にネットワークを組んでいる。それは、最新のコンピュータ・チップの50万倍にものぼると言われているほどだ。

さて、脳の〝出来〟、すなわち精度は、優秀な人も、そうでもない人も、そんなに大きく変わらない。昔は、「天才の脳にはたくさんのシワがある」とか、「脳細胞が多いと頭がいい」などと言われたが、現在ではそのような説は否定されている。また、160億個とも言われる大脳の細胞の数も、人によって差があるわけではないことがわかっている。

こうしたことから考えても、「優秀な人」と「そうでもない人」の差は、脳の構造や精度ではないことがわかる。問題は、脳の中身である。つまり、それまでの人生で、その人の脳に蓄えられた記憶データによって、重大な差が出てくるのである。

人の脳は何かが起こると、過去のデータを瞬時に集め、意識的あるいは無意識に判断を下している。私たちの感情、思い、思考、行動というのは、すべて脳にインプットされてきた過去の記憶をベースにして導き出されている。

たとえば、ビジネスで常に成功をおさめてきた人の脳には、「成功」の記憶データがインプットされている。スポーツの分野で勝ち続けている人の脳にインプットされているのは、「勝利」のデータである。

成人の脳は数百億から1000億以上の神経細胞（ニューロン）からできている。脳は母親の胎内にいるときから多くの情報を入手し、人間としての脳の機能を充実させていく。そして、生まれてから記憶を司る神経細胞の数は変化していく。神経細胞は脳内でネットワークを組んでいくので、同じ脳の人は存在しない。誰かと同じではない、あなただけの脳をつくっていくのだ。

一流になるとは、ビジネスでもスポーツでも、反復することでシナプスがつながり、記憶のネットワークと情報処理能力が変わることである。

そして、脳には無意識の領域がある。人間は生まれてから今日まで、ありとあらゆるデータをこの領域にインプットし、潜在記憶として脳に貯蔵している。脳にいかによいデータを送り込むかで、一生が決まるといっても過言ではない。

ときどき、夢や目的を具体化して、能力が一気に飛躍する方々がいる。それは脳内のネットワークが変わり、脳が一気に飛躍するからなのである。脳は、それまで考えていなかったことを考えはじめると、シナプスが接続されていき、一気に新しい脳にバージョンアップするのだ。だから、私はこう思っている。

「人間の脳というのは底が知れないほど深い。まるで観測不能な宇宙空間のようだ」

宇宙がどこまで続いているのか、見たことのある人はまだいない。私たちが暮らす地球は、太陽のまわりを公転している太陽系である。水星、金星、地球、火星、木星、土星、天王星、海王星が太陽のまわりを回っている。そして宇宙には天体が集まる銀河系というものがあり、太陽系は銀河系に属している。その中心にはブラックホールがあると言われている。

この宇宙の生成を考えるビッグバン理論というものがある。「この宇宙には始まりがあ

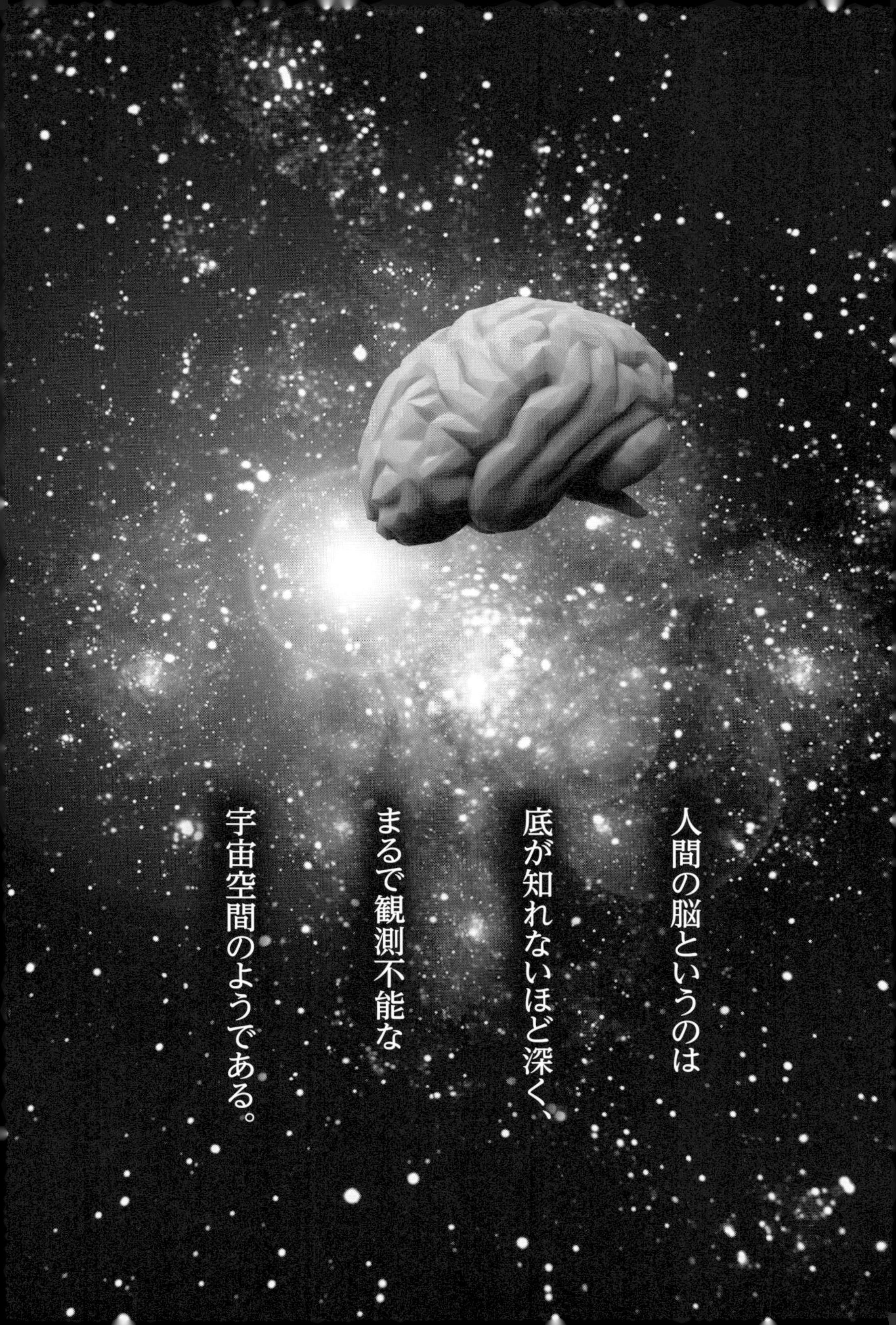
人間の脳というのは
底が知れないほど深く、
まるで観測不能な
宇宙空間のようである。

って、爆発のように膨張して現在のようになった」という説である。

脳は底知れない神秘に満ちている——。

私は脳と人間学を追求して40年になるが、いまだに脳に対して興味が尽きることはないのである。

## 脳は3層構造になっている

ここで改めて脳の構造について整理しておこう。

脳の仕組みは意外とシンプルになっていて、次の3層に分かれている（44ページ図）。

1 脳幹＝反射脳
2 大脳辺縁系＝感情脳
3 大脳新皮質＝知性脳

そして、この各層がそれぞれ独自の機能を果たしている。

1の「脳幹（反射脳）」は脊髄の上にある小さな脳だが、この部分が命の維持や本能を司っている。この小さな脳が必要に応じて、いろいろなホルモンを血液中に放出し、脈拍や呼吸、血圧、体温などの生命活動を調整しているのだ。

2の「大脳辺縁系（感情脳）」は、感情を司る働きをしている。いわゆる「喜怒哀楽」を司っており、その中に1・5センチほどのアーモンド形の組織「扁桃核」があって、ここで「快・不快」の感情を瞬時に判断している。

3の「大脳新皮質（知性脳）」は、脳の表面に最も近い層にあり、イラストなどでよく見かける、いわゆる脳の〝シワシワ〟部分である。全身に張り巡らされた神経から、電気信号として運ばれてくる五感（聴覚・視覚・嗅覚・触覚・味覚）の情報は、この大脳新皮質で分析・判断される。またデータとして記憶される。そして、それをもとに目の前の状況に対して、最も効果的な行動を取らせることが主な働きである。

さらに、大脳新皮質には左右の真ん中に1本の深い溝があり、左脳（分析し、判断することが得意な理屈脳）と、右脳（イメージ処理を得意とする直感脳）に分かれている（45ページ上図）。これらは連動して働いている。

私の勉強会では、脳の働きをわかりやすくお伝えするために、脳幹を「魚の脳」、大脳

## 脳の3層構造

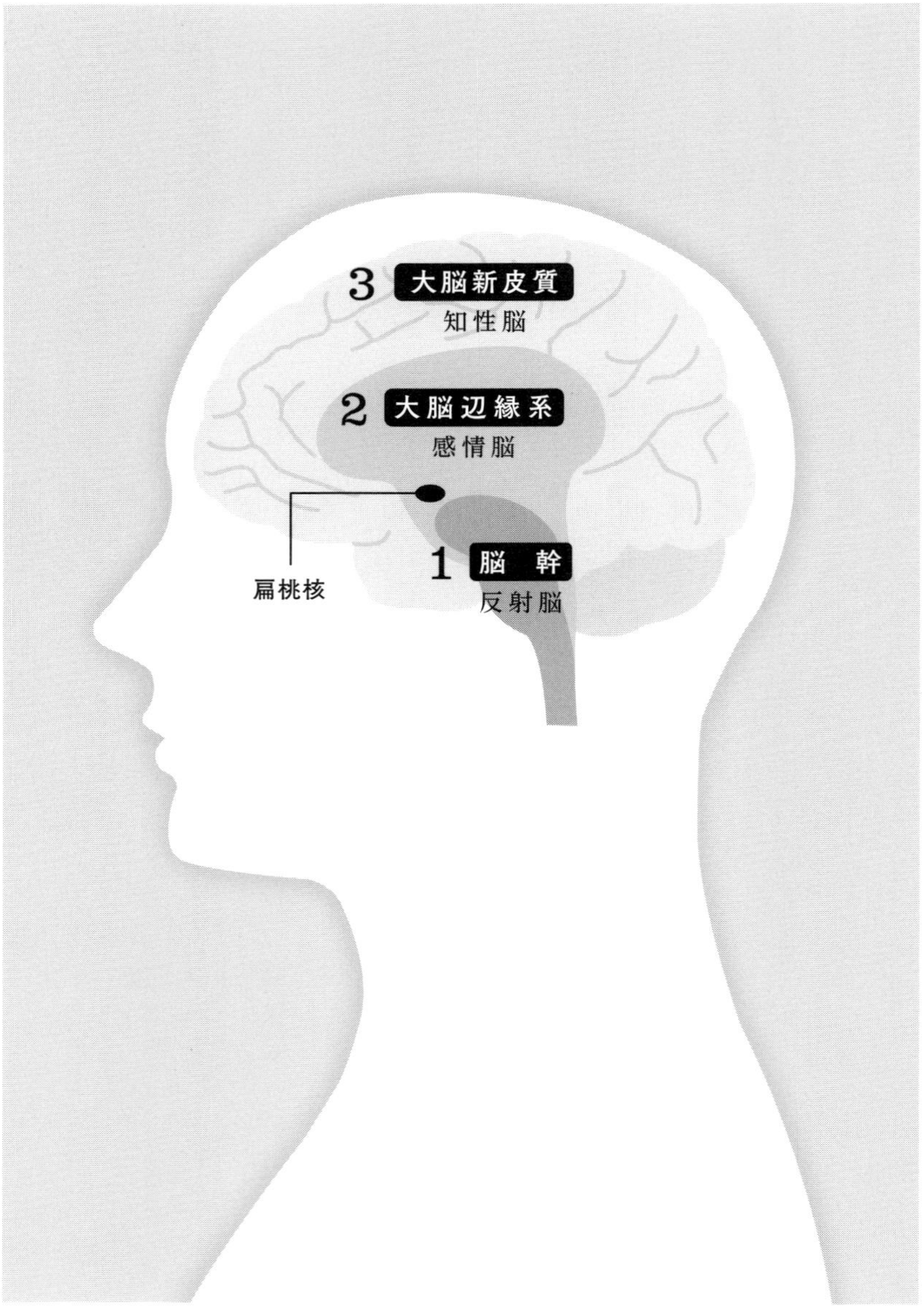

## 左脳と右脳（大脳新皮質）

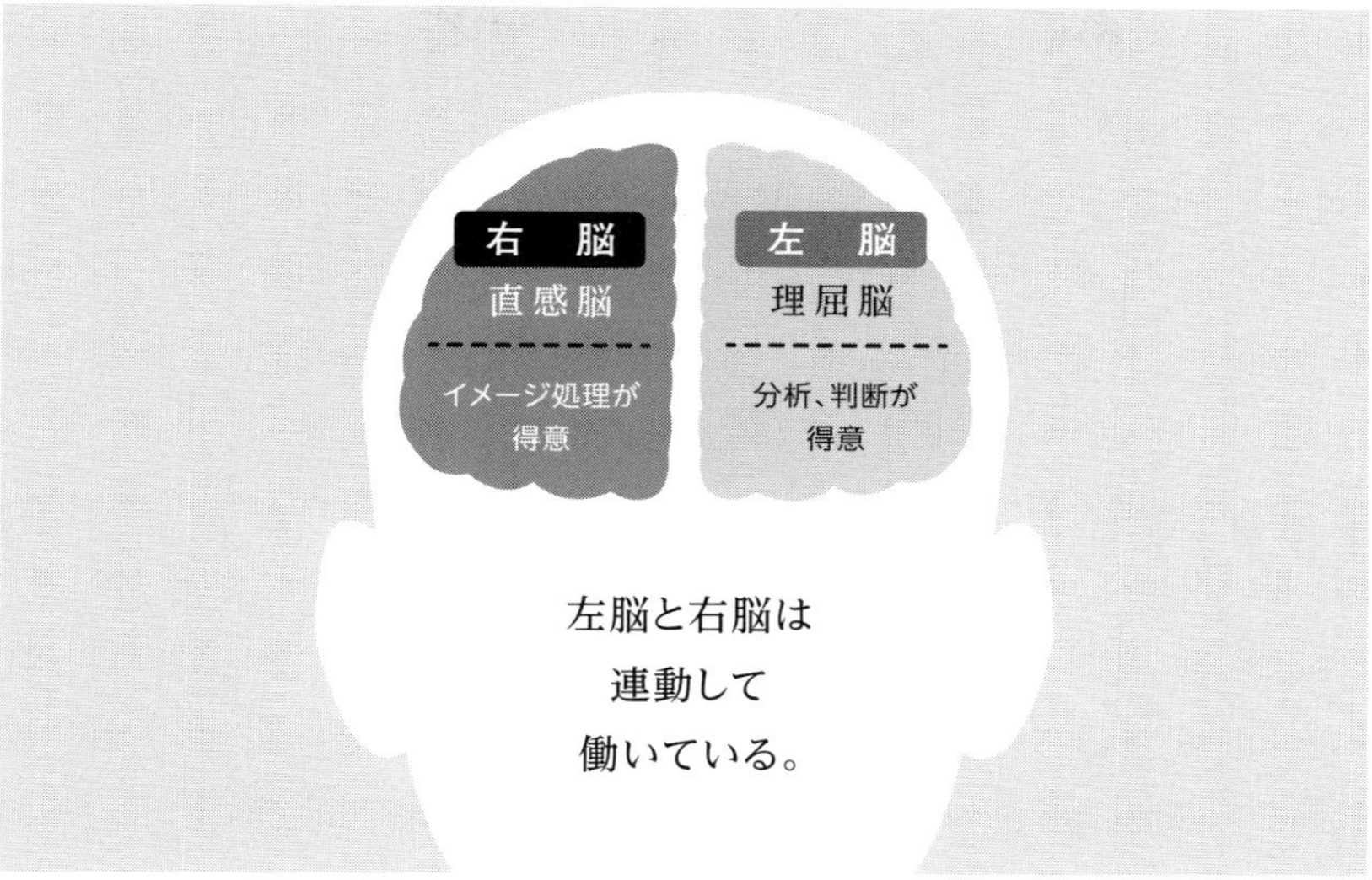


## 大脳基底核

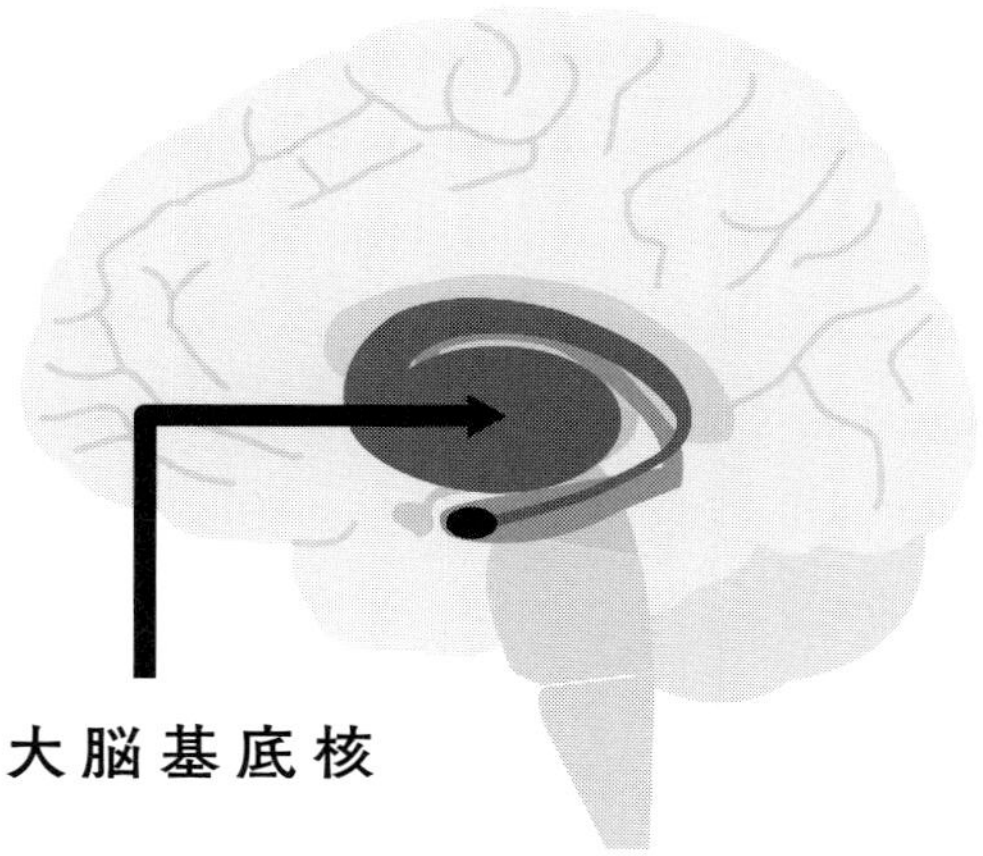


大脳基底核は、
いつ、どこで
覚えたかわからない
記憶データを
蓄えている。

辺縁系を「動物の脳」、大脳新皮質を「人間の脳」と例えてお話することもある。

そして私は、天運を司る部分は脳幹と大脳基底核（前ページ下図）だとにらんでいる。

前述のように、大脳基底核は大脳皮質と視床、脳幹を結びつけている神経核の集まりで、運動調節、認知機能、感情、動機づけや学習などの機能を担い、さらに、いつ、どこで覚えたかわからない記憶データを蓄えている。

この脳幹と大脳基底核という「奥の脳」に、宇宙のように広く深い膨大な記憶があると考えている。この広く深い神秘の記憶こそが「魂」と言われてきたものだと思えてならないのである。

ただし本書では、読みやすさを重視するために、多くの場合は「脳幹」とだけ表記している。読者の皆さんには、「天運の法則」で「脳幹」や「奥の脳」と言った場合は、「脳幹＋大脳基底核」であると考えていただきたい。

## 脳は1日に7万回も判断している

人間の大脳には、140億〜160億個の細胞がびっしり詰まっていると言われる。

この膨大な数の脳細胞は、その働き方によって、大きく2つに分類することができる。それは、「流動型」と「結晶型」である。

流動型というのは、物事をじっくり考えるときに活動する脳細胞の働き方だ。数学の問題を解くような論理的な思考では、この流動型が使われる。

一方、結晶型のほうは論理的というより直感的である。私たちの脳は、物事を意識的に考えるだけでなく、無意識の判断も絶えず行っている。それが結晶型の働きである。

私が病気をして以来、妻は以前よりも一層私の健康を気遣ってくれている。だが、ときには帰宅が遅くなってしまうこともある。そんなとき、「しまった、遅くなると電話しておけばよかった」といつも後悔するのだが、それは妻の顔を一目見ただけで彼女の不機嫌さがわかるからだ。

私の脳には、妻が怒ったときの表情、たとえば目や口もと、ほっぺたの様子がインプットされている。妻の顔を視覚が捉えたその瞬間、結晶型が過去の記憶データを集めて「機嫌が悪いぞ、気をつけろ」と判断しているのである。

物事の受け止め方にはすべて、結晶型の判断が影響している。もっと言えば、結晶型が判断材料にする過去の記憶データによって、私たちの世界は成り立っていると言っても過言ではないのだ。

人間はこの「結晶型」の働きを、1日におよそ7万回も使っているという。街を歩いていて異性を見ると、「好みのタイプ」とか「好みじゃない」などと、意識していないのに、脳が勝手に記憶データを集めて、いつの間にか判断している。

このような働きを、脳は無意識のうちに絶えず行っているのだ。意識で思考する前に、ものすごいスピードで判断するのである。

このようにして、日々の体験や感情、イメージやエピソードなどの膨大な記憶は、内容や種類によって脳の各部位に蓄えられていくわけで、それは想像を絶するほどである。

## 人生の鍵は「扁桃核」が握っている

このように、私たちは視覚、聴覚、嗅覚、味覚、触覚などを使って、驚くほど多くの情報を脳に入力している。それらを脳が分析し、答えを出すまでの時間はわずか0・5秒ほどと言われている。

人は情報をキャッチすると、大脳新皮質の右脳(イメージ処理を得意とする直感脳)でイメージを構成する。同時に、大脳辺縁系（感情脳）に情報を送り、1・5センチのアーモンド形をした扁桃核で「快」「不快」を判断する。ここまでにかかる時間は、ほんの0・1秒と言われている。

大脳辺縁系（感情脳）を経由した情報は、大脳新皮質（知性脳）に伝わり、合理的に分析して答えを出そうとするのだが、この間が0・4秒ほどと言われている。

このように脳内の情報伝達はコンマ数秒のスピードで行われている。脳は瞬時に脳の3層全体で反応して、無意識のフラッシュバックを行うのである。

この情報伝達の流れを見てもらうとわかるように、情報はすべて大脳辺縁系にある「扁桃核」という神経組織へ集められる。この「扁桃核」こそが感情の発生源であり、人生を決める鍵を握っているのである。

扁桃核は「好き・嫌いの脳」、あるいは「快・不快の脳」と呼ばれている。扁桃核は物事に対して、それが自分が好きなものなのか、嫌いなものなのか、また自分にとって快か不快かを見分け、瞬間的に判断するのである。つまり、心のコントロールの鍵は、この扁桃核が握っているわけだ。

意志の力（知性脳）で心をコントロールしようとしても自分の思い通りにならないのは、

この扁桃核を意志ではうまくコントロールできないからである。それには次のような理由がある。

脳幹（反射脳）と大脳新皮質（知性脳）は、大脳辺縁系（感情脳）に強く影響されるという特徴がある。マイナス感情（嫌い、不快）になれば、脳幹（反射脳）からマイナスのホルモンが分泌される。その状態でプラス思考になろうとしても、感情がマイナスであれば、感情脳はストレスホルモンをどんどん分泌するので、マイナス思考になってしまう。

感情を肯定的にすると、脳の中でドーパミンという物質が豊富に分泌される。このドーパミンは、「快楽神経」とも呼ばれるA10神経から分泌される脳内物質で、快楽や気持ちよさ、ウキウキワクワク状態をつくり出す。

思考もホルモンの調節も感情に左右されている。つまり、成功する脳になる方法は、扁桃核をコントロールすることなのである。私は、感情を肯定的にするということを、わかりやすく「ワクワク」と表現しているのだが、「ワクワクするとうまくいく」というのは、この脳のメカニズムをわかりやすくお伝えしているためである。

子どもをつくるという人間の種の保存に関わる性的欲求には、扁桃核が「快」になるようにプログラムされている。食欲、睡眠欲もまた同様だ。「快」は人を動かすスイッチな

## 扁桃核の働き

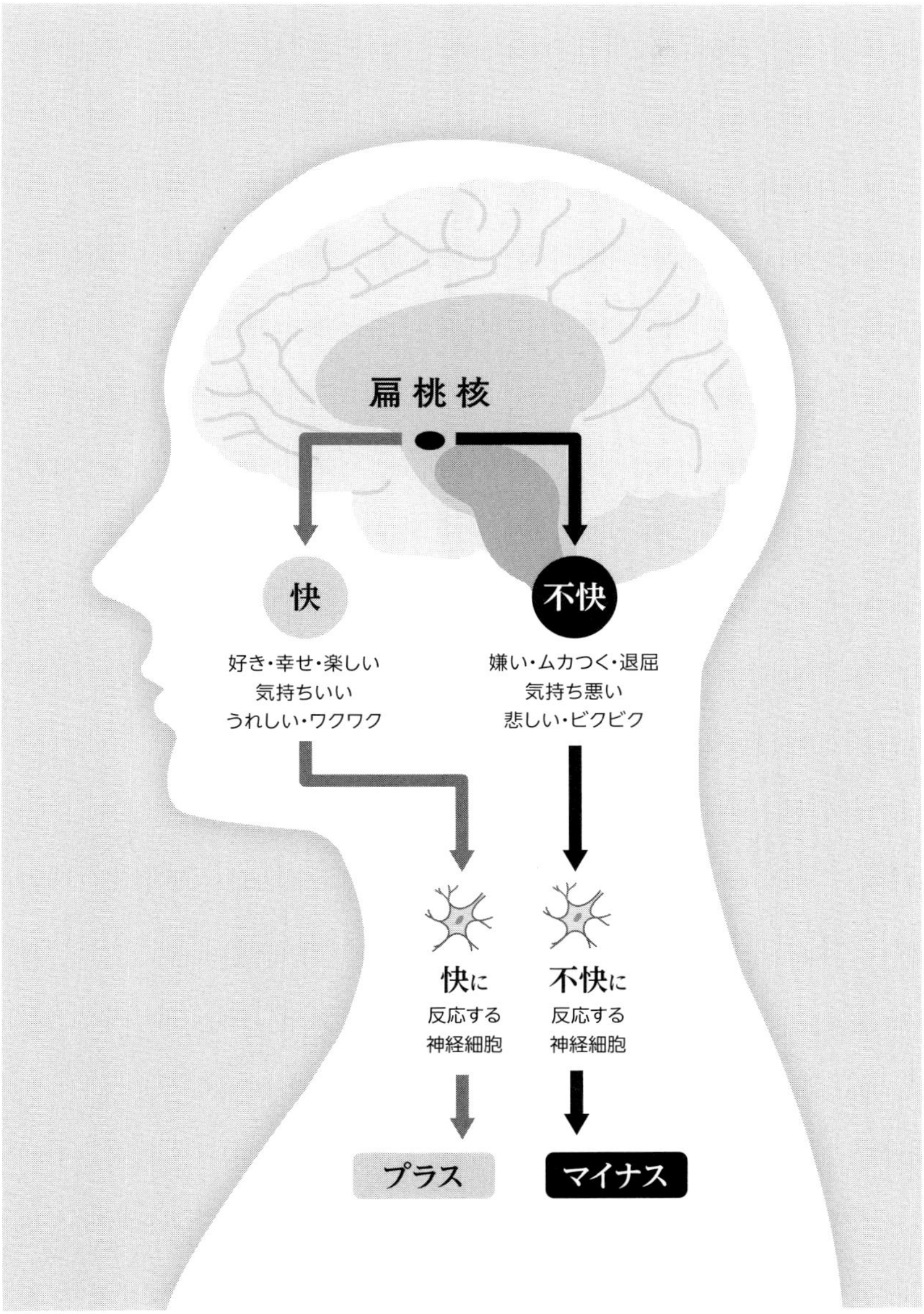
扁桃核
快
不快
好き・幸せ・楽しい
気持ちいい
うれしい・ワクワク
嫌い・ムカつく・退屈
気持ち悪い
悲しい・ビクビク
快に
反応する
神経細胞
不快に
反応する
神経細胞
プラス
マイナス

のだ。人間とは実によくできている。

人の扁桃核には、過去のさまざまな失敗や挫折、嫌な記憶が条件づけられている。意識的に扁桃核のデータを変えれば、好き嫌いをコントロールできることが実験結果でもわかっている。

やる気満々の状態（メンタルヴィゴラス状態）をつくる方法は意志の力ではなく、ワクワクしたプラスイメージ、プラス感情によって、扁桃核を「快」にすることなのである。

## 脳はイメージと現実を区別できない

脳の特性について話を続けよう。

脳の記憶には2種類ある。それは、体験や経験からの「行動による条件づけ記憶」と、思い・思考からの「想像による条件づけ記憶」である。

脳は、体験・経験したことを記憶している。小学生のときに算数ができなかった子どもは、中学生になって数学の教科書を開いた瞬間に「できない」と感じる。これは行動による条件づけ記憶によるものである。ものの0・2秒ほどで、過去の記憶データを集めて判断し、「イヤだ」「嫌い」「できない」と一瞬で判断してしまう。

一方で、想像しただけで実際には体験・経験していなくても、あたかも体験したかのように脳が覚えているのが、想像による条件づけ記憶だ。

たとえば、実際に宇宙へ行ったことがあるという人はそうはいないだろう。だが、宇宙に行ったことがなくても、宇宙は無重力で、宇宙から見た地球は青いものだと脳は思っている。

しかし、これは伝え聞いた情報によって、行っていないものを行ったつもりになっているだけのことだ。つまりは錯覚なのである。これはとても重要なことなのだが、脳は実際に経験したことと、頭の中で想像したイメージとを区別できないのだ
スカイダイビングやバンジージャンプをやったことがある人は、「怖かった」などと感想を言うが、これは実際に体験・経験したからわかることだ。

私はあのように高いところから飛び降りるバンジージャンプであっても怖くない。強がって申し上げているわけではなく、脳の機能を知っているから怖くないのである。「平気」「大丈夫」と思っているから、やったこともないのに「できる」と思っている。これが高所恐怖症の人だったら、チャレンジする前から本当は怖くないかもしれないのに、「でき

ない」「無理」と思うわけだ。

このように、世の中のほとんどのことは錯覚である。「この人しかいない」と思って結婚したり、自分と配偶者は赤い糸で結ばれているという思いも、残念ながらすべては錯覚である。

我々が一生の中で経験し、自ら確認できることはたかが知れている。脳が考えることの大半は、実際の経験に基づくものではなく、話を聞いたり、本を読んだり、映像で見たりして外部から脳に与えられた情報によってイメージしているものなのである。

脳が「正しい」と思っていることのほとんど99%が錯覚だと申し上げてもよいくらいだ。それくらい脳というのは、恐ろしいほど記憶を錯覚して処理してしまう自動記憶装置なのである。

## 脳は入出力したデータでつくられていく

脳は大脳新皮質、大脳辺縁系、脳幹の3層構造になっているとお話しした。この3層の脳の基本的な働きは、入力と出力でプログラミングされている。

私の勉強会や著書で学ばれている皆さんは、脳の「入力」と「出力」について理解していただいていると思うが、改めてお話しておこう。

入力とは、見たり聞いたりした経験や、イメージしたり感じたことや、思ったことのすべてである。出力とは、脳へ入力したことに対して起こした行動や言葉などのすべてである。この入出力を繰り返すことで、思考回路は強化されていくのだ（次ページ図）。

この脳への入出力が、脳の記憶のネットワークをつくっていくことになる。

優秀な社員は、困難な課題に直面したとき、「どうしたらできるだろう」と問いかけ（入力）、できる方法を考え出し（出力）、「こうすればできる」と解決方法を考える（再入力）。

一方、優秀でない社員は、困難な課題に直面した同じ状況で、「どうせできないだろう」と問いかけ（入力）、できない理由ばかりを口にし（出力）、「やっぱりできない」と結論づける（再入力）。

このような脳への入出力を繰り返すことで、人間の脳はつくられていくのだ。優秀な社員と優秀でない社員の違いは、「できる」と思うか「できない」と思うかという脳の前提条件の違いだけなのである。

このちょっとの違いが大きな違いになるのである。

脳の入力と出力

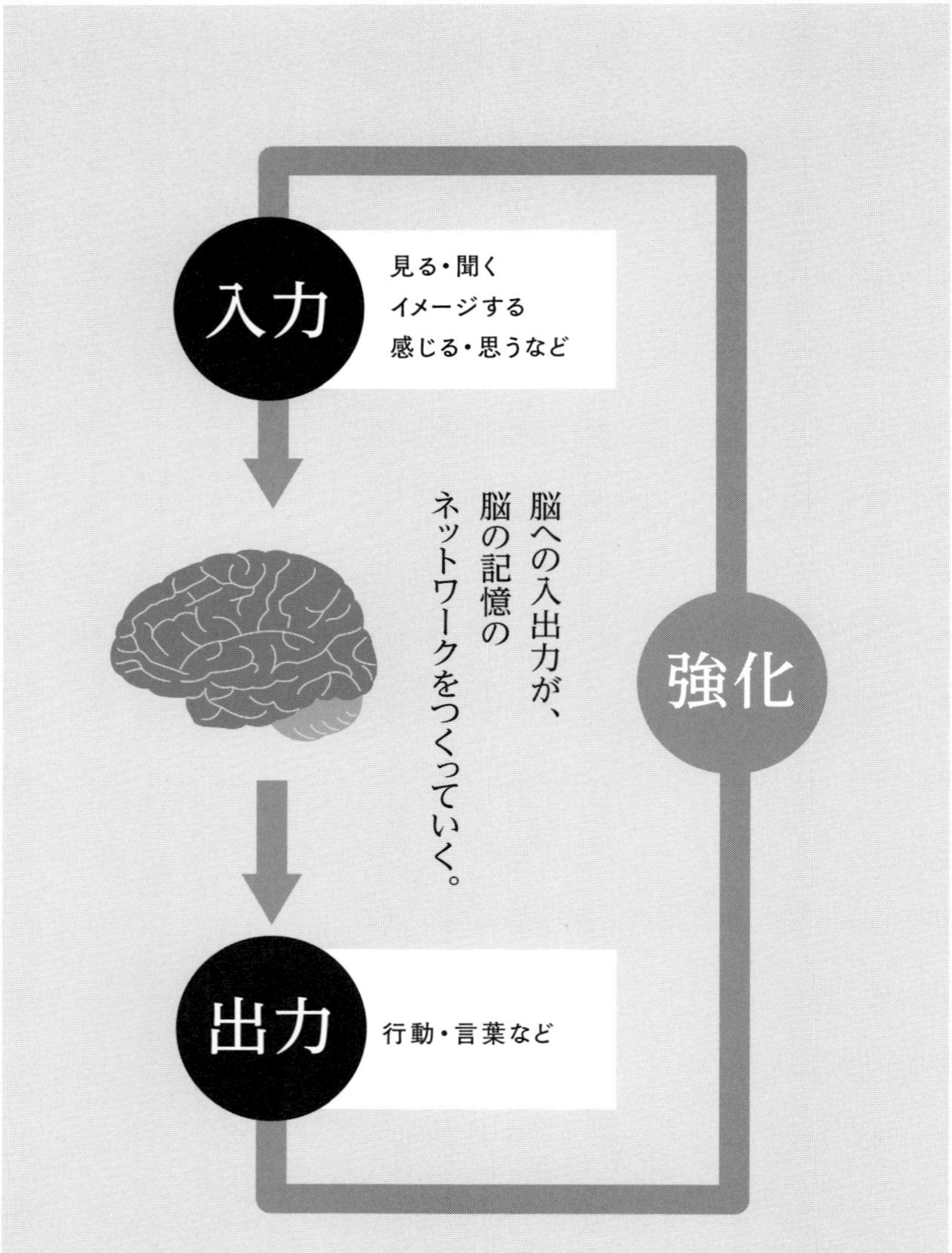
入力
見る・聞く
イメージする
感じる・思うなど
脳への入出力が、
脳の記憶の
ネットワークをつくっていく。
強化
出力
行動・言葉など

さて、この脳の入出力には次のようなルールがある。

**①脳は過去に入力された記憶データに基づいて扁桃核が「快・不快」を判断し、否定的になったり肯定的になったりする。**

**②言葉や動作などの出力は、そのまま脳に再入力されて扁桃核の判断をますます強化してしまう。**

**③脳にとっては、現実の体験による入力も、イメージによる入力も同じものとして記憶データに残る。**

レモンや梅干しを食べたことのある人であれば、レモンや梅干しをイメージするだけで、食べたときと同様に唾液が分泌される。このことは、実際に食べたときとイメージしたときの脳の状態をＭＲＩを使って調べると、同じ部分が活性化していたことからも証明されている。

## ④脳は思ったことより、言ったこと、口に出したことを信用する。

プラスイメージを描いても、マイナス言葉を口から吐くと、扁桃核が不快になり、マイナスホルモンが全身に分泌され、プラス思考にはなれないようになっている。思いという入力よりも、言葉という出力をプラスに変えていくほうが、よりプラス思考をつくることができるのだ。逆に、いくらプラスのイメージを描こうとしても、マイナス言葉を口にしてしまうと、脳はすぐにマイナス思考になってしまうのである。

## ⑤脳は言ったことより、動作・表情を信用する。

言葉よりも、動作のほうが扁桃核に対してかなり強い影響を持っている。そのため、どんなにプラスの言葉を使っても、動作・表情がマイナスであれば、脳は動作・表情を信じてマイナス感情になってしまう。

以上のように、いつも「自分にはできない」などと悪い錯覚をしていると、脳は勝手にマイナスの思考回路をつくり、どんどん悪いほうに考えて、脳は不機嫌になっていく。すると、努力を放棄し、ますます不幸になっていくわけである。

逆に「自分にはできる」というプラスの錯覚ができれば、脳はワクワク楽しくご機嫌になって、プラス思考になり、いろいろなことに挑戦して、ますます幸せになっていく。

そして、そのすべては脳内に記憶されていくのである。

## 人の行動は潜在意識に支配されている

このように、人間の脳には膨大な記憶が蓄積されている。それは、短期記憶であったり、長期記憶であったり、ときには自分でも意識していない記憶としてである。

人間の意識は、しばしば氷山に例えられる。巨大な氷山も、海面に出ているのはわずかな一角で、大部分は海面下に隠れている。同じように私たちの心も、思考や意志のように、それとわかる意識の領域は1～5％で、残りの95～99％は意識の下に隠れた潜在意識の働きだと言われている（次ページ図）。

氷山の上に出ている意識活動とは、肉体的感覚や短期記憶である。潜在意識の領域にあるのは、過去の記憶、過去の体験、精神的感覚、長期記憶、精神的抑制など、ありとあらゆる記憶や体験である。

人間の意識

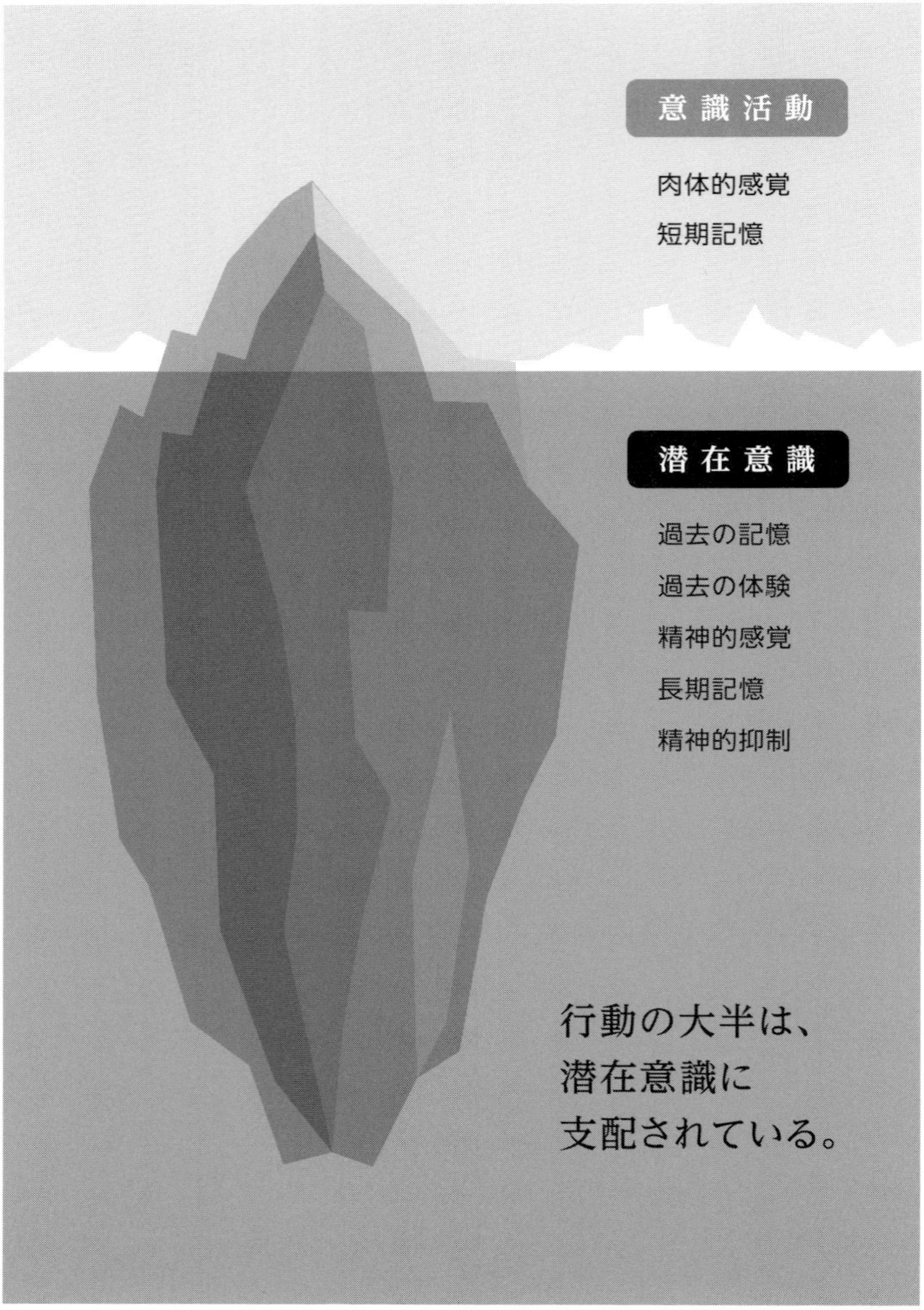
意識活動
肉体的感覚
短期記憶
潜在意識
過去の記憶
過去の体験
精神的感覚
長期記憶
精神的抑制
行動の大半は、
潜在意識に
支配されている。

意識では「大成功しよう」と思っても、潜在意識に焼きついた過去の失敗イメージに支配されて、ワクワクできない……。このように、私たちの行動の大半は、思考や意志などの意識の力ではどうにもならない、潜在意識に支配されているのである。

潜在意識には過去の記憶と体験だけでなく、成功願望や闘争本能などのプラス願望と、失敗や恐怖、自己防衛本能などのマイナス願望も隠れている。私たちが行っている能力開発というのは、この潜在意識を変えていこうというものである。

私たちの脳を支配しているもの、その正体は「過去のあなた」である。別の言い方をすれば、あなたの脳に蓄えられた過去の記憶データなのだ。

このことは、これから「天運の法則」を学ぶ上でぜひ覚えておいてもらいたい。

# 3　天運の法則

## 「天運の法則」は奥の脳が司っている

本書で「天運の法則」を学ぶ上で、さらにつけ加えたいことがある。それは、あなたの脳を支配しているものの正体が「過去のあなた」であるとともに、「ご先祖様から伝承・伝達されてきた記憶」だということである。

2002年であるから、もう十数年も前のことである。

月刊誌『致知』(致知出版社)で、仏教用語である「阿頼耶識《あらやしき》」の研究をされている僧侶の無能唱元《むのうしょうげん》先生と対談をさせていただいたことがある。

阿頼耶識とは、「眼・耳・鼻・舌・身・意・末那《まな》・阿頼耶の八識のうち第8に数え、個人存在の根本にある識である」(『岩波仏教辞典』岩波書店)。つまり、すべての心の働きの源となるものだという大乗仏教の見解の一つである。

簡単に言うと、阿頼耶識は心の深層領域にある感情や記憶が保管されている場所で、無意識領域である「潜在意識」と言い換えても構わないだろう。

先生によると、仏教の世界では、2000年以上も前から意識だけではなく、阿頼耶識という存在に気づいていたというのである。

それどころか、その無意識の領域、今で言う潜在意識をコントロールする方法も教えの中にあるというのだから、さらに驚きである。

仏教のすごいところは、昔から「心」と「魂」を分けているところだ。

人間の意識は知性脳である大脳新皮質が担っていて、「心」というのは感じる脳であるイメージの右脳と感情脳である大脳辺縁系の連動で起こっている。そして、意識や心よりも深い領域である脳幹、大脳基底核に「魂」はあると私は考えている。それを科学の力がない時代から、「魂はもっと深いところ、阿頼耶識にある」と言ってきたのである。

神や仏を信じないという人でも、心や魂が脳の働きであると言えば、納得していただけるのではないだろうか。つまり、心や魂は現代の科学で証明が可能なのだ。

人間の脳は、見たもの、聞いたもの、感じたものを1日に7万回も判断しているとお伝えした。人間は誰でも、この世に誕生したときには、天使のようにかわいらしい赤ちゃんとして生まれてくる。両親は、生まれた我が子を見て、将来幸せになってもらいたいと心から願うものだ。そして、人間はみな、同じ機能をした脳を持って生まれてくる。

しかし、不思議なことに、子どもから大人へと成長して社会人になると、どの分野でも必ず能力に差がついてくる。結果的に、長い人生の中で物心両面に恵まれて豊かに暮らす人と、そうでない人ができ上がるのだ。

赤ん坊のとき、かわいらしい天使のようだった人間が、まるで悪魔に変身したかのように、平気で他人を傷つけてしまうこともある。

あなたの潜在意識は「過去のあなた」であるとお話した。あなたの魂は「過去のあなた」だと私は確信している。はるか太古の昔から2千年以上にわたる人類の歴史を生きたご先祖たちから引き継ぎ続けてきた記憶と体験の集積なのだ。

脳はすべての問いに答えてくる。最新のコンピュータ・チップの50万倍にものぼるという神経細胞とさらに奥深くの潜在意識まで動員して、答えてくる。魂は、あなたの奥の脳にしまい込まれた、数百年、数千年続く記憶を総動員して、「本当に大切なもの」を予知するのである。

昔、私が小さい頃の話である。父親に一度だけ逆らったことがある。すると、母親から「何ですか、お父さんに対してその態度は！」ときつく叱られた。

この「何ですか、お父さんに対してその態度は！」という母の言葉は、どこから来るのか。このようなことは、多くの人はあまり気にしていないだろう。しかし、あえてこの考えを深めてみたいと思う。

母は大脳新皮質で考えて、「何ですか、お父さんに対してその態度は！」と言ったのではない。パッとその言葉が脳裏に浮かんで口にしたのである。

また、喜怒哀楽の感情が動いて「何ですか、お父さんに対してその態度は！」と言ったのでもない。

では、その言葉はどこから発生したのかと言うと、瞬間的に出てきたのである。母にとっての「当たり前」から出てきた言葉である。言ってみれば、本能とか直感のようなものである。この本能とか直感のようなものが母に警告を発したのである。

この本能とか直感のようなものが魂だと言える。意識や心よりも深い領域から、言い換えれば、母の魂が瞬時に、「何ですか、お父さんに対してその態度は！」と言わせているのだ。

母から魂の叱りを受けた私は、29歳のときに起業した。先ほど、昔から大切な法則は3つの要素で構成されている場合が多いというお話をしたが、私が創業した「株式会社サンリ」も、次のように「真理・道理・天理」の「三理《さんり》」を企業理念としている。サンリの活動は、この3つの理念のもとに社会に貢献することにある。

**三理**

「真理」……研究、知識――厳しさの追究
「道理」……思いやり、協調性――世間が正しいと認めた行いの道の追究
「天理」……愛情、感謝――万物を支配している自然の道理の追究

なぜ、この3つの理を組み合わせているかと言うと、実は、脳の働く場所に連動させているからである。それぞれ脳の働く場所が違うのだ。

「真理」の追究は、「強運の法則」である。ここには、経営戦略や戦術、分析の方法、つまり、お金儲けのテクニックというべきものも含まれている。いわば、「損得勘定」の法則でもある。これらは、脳の一番外側、大脳新皮質が司る部分である。

三理と3層の脳の関係

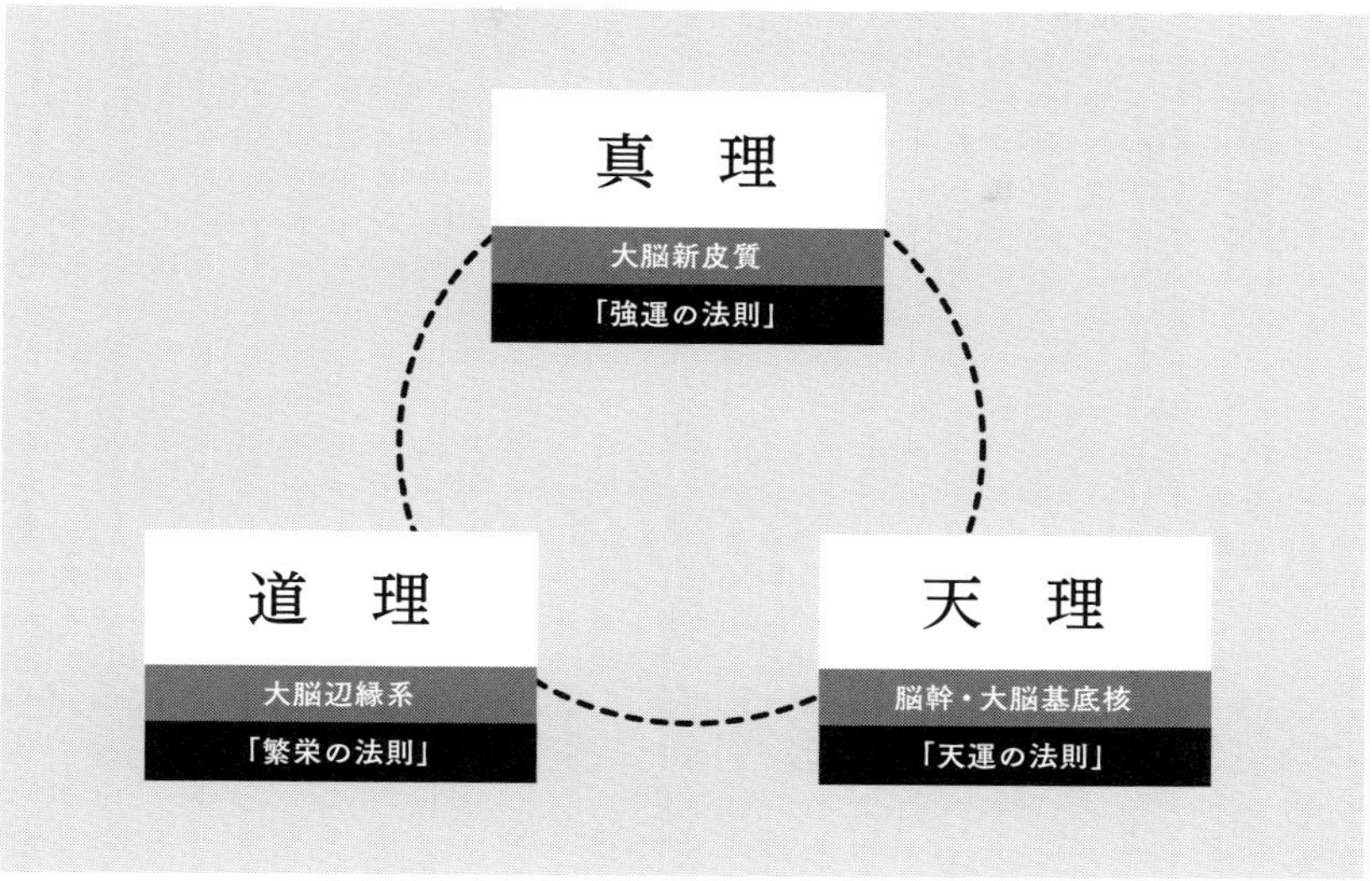


「道理」の追究は、「繁栄の法則」である。これは2層目の感情脳（大脳辺縁系）が司っている。

真の成功を収める経営者には、人望や人気が不可欠である。周囲に感謝して、他人を喜ばせることが重要である。

最後の「天理」の追究が、「天運の法則」で、奥の脳、つまりは「魂」が司っている。

人は、役割を与えられてこの世に生まれてきた。人間にはそれぞれ、命をかけてやらなければならないことがあるのである。それが、「天運の法則」である。

役割は人それぞれ違う。命をかけてもやり抜きたい――あなたにはそう思えることがあるだろうか。

## 「天運思考」は確信領域の最高レベル

さて、大脳基底核や脳幹といった古い脳には、先人から継承してきた魂があるという話をしてきた。では、果たしてその魂は、どの時代のご先祖様たちから引き継いできたものなのかを考えてみたい。

ここで少し、人間の進化の歴史に触れておこう。

今から数百万年から数万年前の人間というのは、みんな洞窟の中に住んでいた。そして68〜78万年前と推定される北京原人は火を使っていたことがわかっている。それ以外では他の動物たちと脳に大きな違いがあったとは思えない。それが、数千年前に、人間は急に賢くなっていく。

あるとき、1カ所に住むということを覚えた。そして、農業をやるようになった。その後はどんどん進化をして、1800年代半ばに産業革命が起こるのである。エジソンが実用的な電球を発明したのをきっかけに、電気革命が起こり、地球上の人口が一気に増えていった。

そして今、世の中はＩＴ革命を経て、人工知能によるＡＩ革命が起こっている。

人工知能の進化は目覚ましい。人工知能の進化によって、多くの仕事がコンピュータやロボットに取って代わられ、私たちの働き方や生き方は大きく変化していくはずである。

いや、多くの人が働かなくてもよい時代が来るかもしれない。

オックスフォード大学のマイケル・Ａ・オズボーン博士の論文（２０１４年）によると、調査した７０２職種のうち、47％の職業がコンピュータによって自動化される可能性が高いとされている。

つまり、今までのビジネスのやり方が通用しなくなってくるのだ。

そういう意味では、これからの経営者に求められるのは、これまでの常識、これまで「正しい」と信じられてきたことを覆していくことである。これまでの状況が続くと信じて安穏としていると、気づいたら自分の仕事や地位がなくなっている。ロボットに取って代わられている可能性が十分にあるのだ。

そこで21世紀型の経営とは何かを考えていくことが必要となる。

たとえば、20世紀の日本では、「地球環境を破壊しても儲かればいい」という金儲けの論理で経営をしていた企業がたくさんあった。しかし、21世紀の今、そういう企業は人々に共感されなくなり、生き残っていけなくなった。

現在、中国ではＰＭ２・５などの大気汚染が問題になっているが、かつての日本も同じような状況にあって、空はスモッグで覆われていた。当時は儲かれば多少の公害も仕方ないという空気があったが、その意識は一変している。

産地偽装や原料偽装など、消費者をだましても儲けるというようなあり方では、生き残っていけない時代になっているのである。特に、インターネットが普及した現代では、悪評は事実かどうかにかかわらず、あっという間に広まってしまう。何が大事かということを見誤った経営をしている会社は、消費者によって潰されてしまうのだ。

これからはウソの通用しない時代である。世の中に貢献できない会社は、消費者に必要とされないのだ。このことを、肝に銘じておかないといけない。

おそらく、いや間違いなく、これからビジネスの世界で起こる変化は、これまでの変化とは比べものにならないものになる。人工知能やロボットというのは、それほど恐ろしい変化をもたらすのだ。皆さんの会社がその変化に対応していくためには、経営者に「天運」が求められる時代なのだ。

さて、ここでまた脳の話に戻ろう。

人間の脳には次のような発達段階がある。

**人間の脳の発達段階**

確信領域

1 天運思考＝圧倒的確信
2 強運思考＝強運的確信
3 繁栄思考＝人間的確信
4 胆力思考＝勝利的確信
5 分析思考＝判断的確信

錯覚領域

6 プラス思考＝優越の法則＝自信
7 マイナス思考＝劣等の法則＝不安

人間の脳には錯覚領域と確信領域がある。多くの皆さんは、この「確信思考」と「錯覚思考」の違いに気づいていていない。

人間の脳の発達段階

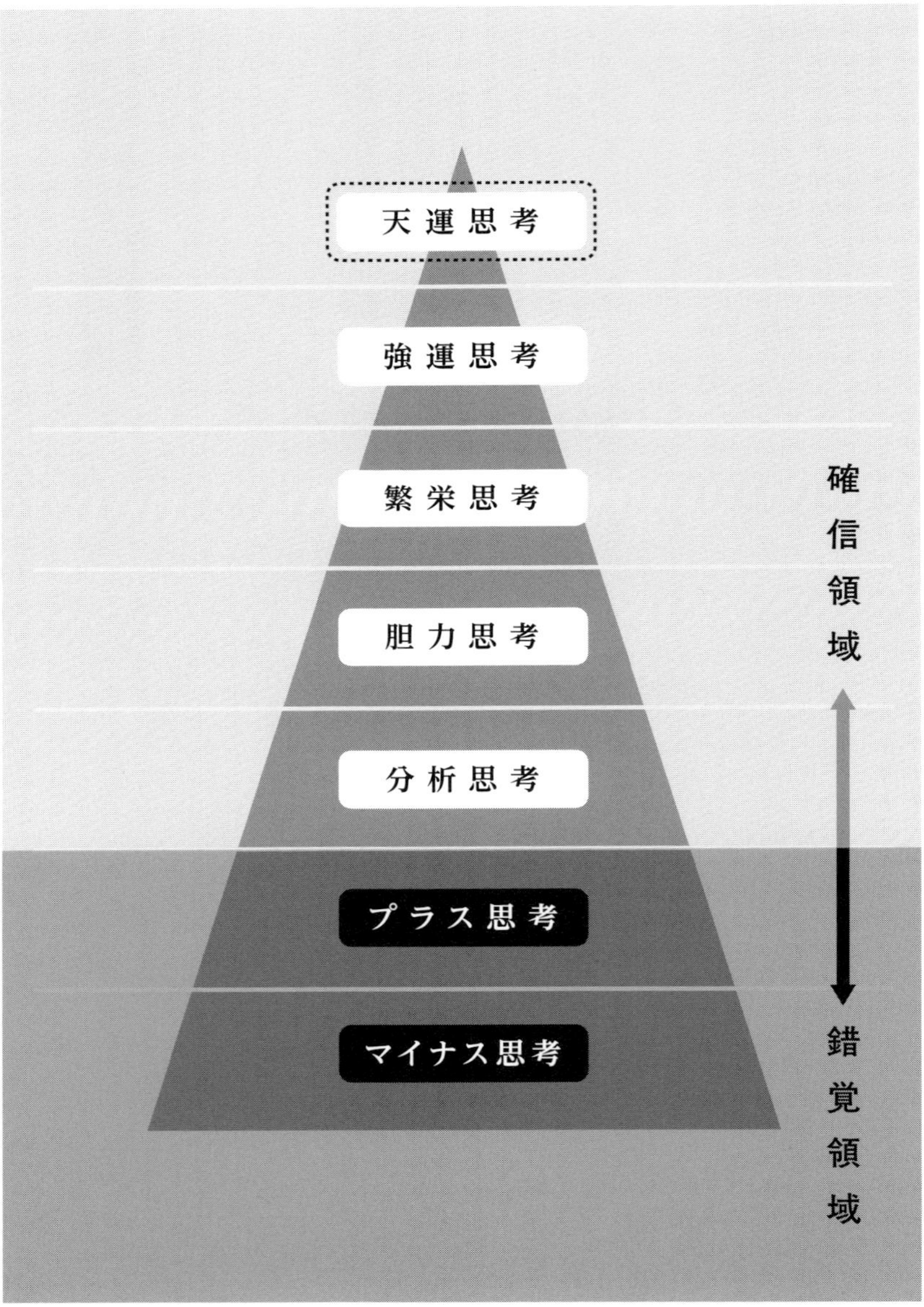

「自分は他の人よりちょっと能力が低い」とか「自分は他の人よりちょっと容姿が冴えない」などと思うのは、錯覚領域のマイナス思考である。ウソでもいいので、マイナス思考をプラス思考にするだけで、一般の人のレベルであれば「優秀な人」になるだろう。その方法はたくさんある。

確信領域のレベルからは、次の5つの思考領域を進むことが必要になる。

5　分析思考は、ビジネスモデルのつくり方などであり、分析の勉強をすること。
4　胆力思考は、本番に強くなり、度胸をつける胆力の勉強をすること。
3　繁栄思考は、組織を繁栄させる組織学の勉強をすること。
2　強運思考は、脳力を全開にして強運を脳に条件づける勉強をすること。
1　天運思考は、ためらいがまったくない状態のこと。

このように、天運思考に至るまでには、それぞれのレベルに対する学びが必要である。いくら本を読んで勉強しても、実践して体感しなければ身につかない。一つ一つの思考段階を自分の血肉にして初めて、一番上のレベルにある1の天運思考まで到達できるのだ。

ときどき錯覚領域にいるのに、勢いのまま年商10億円以上の商売をされる若い経営者がいる。このような方は必ず大失敗をおかすことになる。なぜなら、ビジネスモデルも、組織づくりもないまま成長し続けることは難しいからだ。

人間として成長するには、まずこの確信領域を進んでいく思考を学ばなければならないのである。

## 「天運の法則」で生きるとすべてがよい方向に回り出す

世の中の成功者になるのは簡単である。それは、先祖から引き継がれた己の命に感謝し、生きている時間を大切に考え、天寿を有効に使えばよいのである。

しかし、現実には天に与えられた天寿を大切にせずに生きている人もいる。それらの人は寿命が尽きるとき、後悔するはずである。

昔の人は「人生50年」と言った。現代では、日本人の寿命も延び「人生80年」、いや「人生90年」「人生１００年」の時代になっている。長生きできるようになったことは喜ばしいが、その分、「死」というタイムリミットがひどく見えにくくなっている。

『論語』に、「五十にして天命を知る」という有名な言葉がある。

子曰く、
吾《われ》十有五にして學に志《こころざ》す。
三十にして立つ。
四十にして惑わず。
五十にして天命を知る。
六十にして耳順《したが》う。
七十にして心の欲する所に従へども、矩《のり》を踰《こ》えず。

【訳】
孔子は言う、私は十五歳ごろから先王の教え、礼楽の学問をしようと決心した。
三十歳にしてその礼楽の学問について独自の見識が確立した。
四十歳ごろで事理に明らかになって、物事に惑うことがなくなった。
五十歳になって、天が自分に命じ与えたものが何であるかを覚り、また、世の中には天運の存するということを知ることができた。
六十歳ころには、何を聞いても皆すらすらと分かるようになったし、
世間の毀誉褒貶にも心が動かなくなった。
七十歳になっては、心の欲するままに行うことが、いつでも道徳の規準に合って、
道理に違うことがなくなって、真の自由を楽しめるようになったようだ。

——『論語』（吉田賢抗著／明治書院）

孔子は、50歳くらいになると自分がこの世に生まれた天命を知るというのだ。天命を知ると「人間の本性の働きのようなもの」がわかり、60歳くらいになると何を聞いても何でもすらすらとわかるというのである。そして70歳になる頃には、心のままに振る舞うと、それが道理にかなって、しかも楽しくて仕方がないというのである。

「天運の法則」とは森羅万象の道理に気づくことである。命をかけてやるべき使命に気づき、その決断をすることなのだ。「天運の法則」で生きると、すべてが道理にかなって自然とよい方向に回り出すということをわかっていただきたい。

私は今まで、全国の経営者の皆さんにさまざまな勉強会を行ってきた。また、数ある著

書でもさまざまなノウハウをお伝えしてきた。その最終プログラムと言えるのが、本書で紹介するこの「天運の法則」である。

少人数限定で行っている西田塾「天運の法則」でお伝えしている内容が本書のもととなっている。この少人数制の勉強会は、「西田文郎・経営者大学院」とさせていただいている。なぜなら、「経営者大学」と位置づけている「強運の法則」「繁栄の法則」の卒業生にご参加いただいているからである。

しかし、本書では私が勉強会で皆さんにお伝えした「天運の法則」を公開することにした。今こそ、多くの皆さんに「天運」のある超一流の経営者となっていただく必要があると感じるからである。

「天運の法則」とは得るものではなく、気づくものである。皆さんに、「天運」に気づいていただくためには、次の7つの要素を掘り下げていただく必要がある。

1　真の親孝行
2　先祖の歴史
3　日本の成り立ち

4 善と正義
5 無知の知
6 天との約束
7 伝承・伝達

これらの7つの要素を、ネットワークを組んで強く脳に刻みつけるのである。なぜなら、脳というものは単独の要素で働くのではなく、ネットワークを組んで動いているからである。天運とは偶然に降ってわいてくるのではなく、この7つの記憶のネットワークから巡り出すのである。

7つの記憶のネットワークを組むには「六方拝」が最適である。私の勉強会にご参加されたり、著作をお読みくださっている皆さんはご存じのことだろう。

「六方拝」とは、もともとはお釈迦様の教えの一つである。すべてに感謝する心をつくるのである。

次のように、東西南北、天地の六方に向かい、すべてに感謝するというものである。

東に向かい＝両親、先祖に感謝し、拝む
西に向かい＝家族（配偶者、子ども）を拝む
南に向かい＝お世話になった師を拝む
北に向かい＝友人、知人を拝む
上（天）に向かい＝太陽や空や宇宙や大気の大自然を拝む
下（地）に向かい＝食物をもたらす土などの大自然を拝む

多くの皆さんは、思考をいかに発展させるかと考えがちである。しかし、あまりに発展させていくと、脳内で強いネットワークを組むことが難しくなり、分散してしまう。真の脳の集中プロセスは、停滞↓発展↓分散↓凝縮↓集中という道筋をたどる。思考は広げたら、絞ることが必要なのである。

数ある天運を司る要素の中から7項目を厳選した。

この要素のどれもが、人としてのあり方、生き方の基本となるものである。この7要素を脳内でネットワークするのだ。一つ一つの要素が互いを刺激し合って働くことで、天運

## 天運に気づくための7つの要素

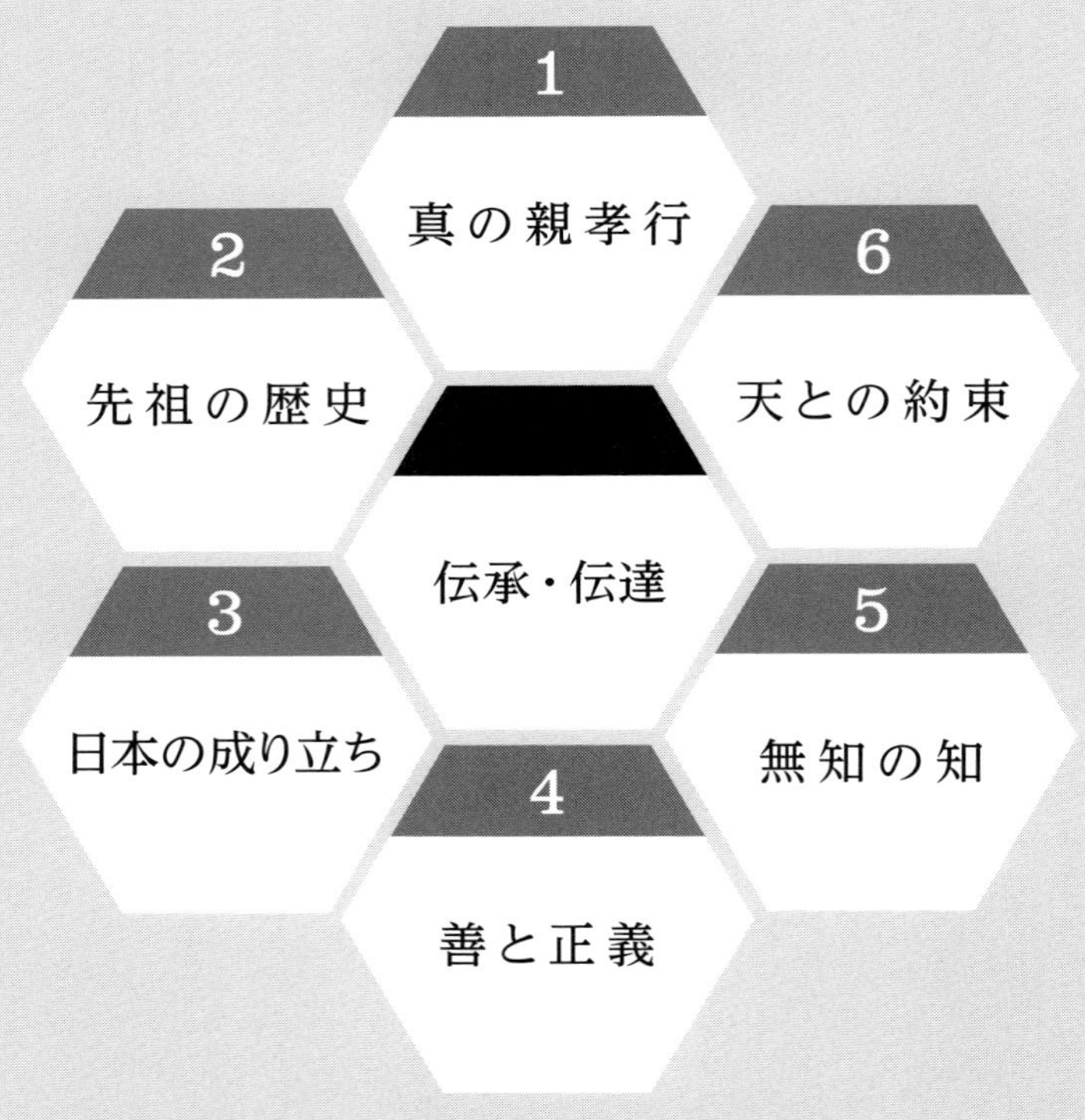

が動き出すのである。

「天運の法則」は広大で深遠なものである。そのため本書では、構成の都合上、この7要素をいろいろな箇所に散りばめて説明している。

すべてを読み終わっていただいたとき、あなたの脳の奥できっと何かを感じ取っていただけるだろう。そして、あなただけの天命が見えているはずである。

第1章

# 天運に気づく

直感が伝える
魂からの純粋な声にこそ真実がある

積極的無欲
「き」の法則
答えは問処にあり
有無・無有思考
天との約束

# 直感は魂からのメッセージ

さて、ここでまた質問をしよう。

**・あなたにとって「本当に大切なもの」は何だろうか？**

「大切なもの」にはレベルがある。「本当に大切なもの」「そこそこ大切なもの」「言われてみれば大切だと思えるもの」など、いろいろと幅がある。この中から「本当に大切なもの」を本能的に察知する能力を、我々の脳は持っている。

損得勘定で頭がいっぱいになっていたり、一時だけよければいいと考えていると、「本当に大切なもの」を選ばなくてはならない場面で、「そこそこ大切なもの」や「言われてみれば大切だと思えるもの」を選択してしまうことがある。

だが、「天運の法則」で生きている人には迷いがない。なぜなら、「本当に大切なもの」がまるで超能力者のように、瞬時にわかるからだ。

人間の脳には、「本当に大切なもの」を予知する力がある。それが、魂の力である。魂は命が喜ぶことを選ぶ。自分が喜び、人が喜び、世の中が喜び、歴史が喜ぶよい巡りがもたらされるものがわかるのである。人はそれを「天運」と言うのだ。

私は、会社を潰してしまった社長さんたちに話を聞く機会もあるのだが、総じて「あのとき、判断を間違えた」という答えが返ってくる。

「本当はやめたほうがいいような気がしたが、理屈で考えて正しいほうを選んだ」

「何となくその気にならなかったが、話が進んでいたのでやってしまった」

こう言うのである。彼らは「直感」を信用せずに「思考」を優先させて会社を潰してしまったのだ。私たちは、こうした判断の誤りをしてしまいがちである。

人は、「ちょっとくらいなら、大丈夫」「ちょっとくらいの嘘なら、ばれないだろう」などと思いがちである。

しかし、世間を騒がせるような食品の産地偽装や巨額横領事件なども、初めは「ちょっとくらいなら」という場合が多い。そしてあとから、「あのときは魔が差した」などと言うのである。

これを、「ちょっとの違いは大違いの法則」と言う。

「ちょっとくらいなら大丈夫」と思ったとき、「いや、だめだ」という声がどこからともなく聞こえたはずである。重要な局面で母親の「やめなさい」という声が聞こえたり、悲しそうな顔が脳内で見えたりするのだ。

たとえ、母親が亡くなっていたとしても、母の声は脳内で聞こえるはずだ。「おまえはいい子だね」「おまえが優しい子なのはお母さんがわかっているよ」「おまえを産んでよかったよ」などと言われた母の言葉が頭に浮かび、悲しませるようなことはできなくなるのだ。母の愛は防波堤なのである。

一番奥の脳、つまり魂は、いつどこで覚えたのかがまったくわからないことまで覚えている。そしてそれは、直感という形であらわれる。

「虫の知らせ」など、理屈では説明できないインスピレーションを「第六感」と言ったりするが、直感的に「その気になれない」「不安を感じる」というのは、魂からの警告だと言える。魂とは奥の脳である。つまり、命を司る脳なのだ。判断基準に命が含まれている脳が危険を察知するというわけである。

だから、絶対に儲かるとわかっていたとしても、何となくその気になれないことは、やらないほうがいい。損得だけで経営判断し、魂の警告を無視すると、必ず失敗する。調子のよい企業が一気に失敗に陥るのは、このパターンが多いと言える。

ビジネスで戦術・戦略を考える場合は、さまざまなことを分析し、考え、仕組みをつくり出していく。これは、大脳新皮質で考えることだ。

ところが、矛盾しているように思われるかもしれないが、本能的な脳で意思決定をする場合は、「できると思ったらやり、できないと思ったらやらない」ほうが正しい判断をしていることになる。

しかし、経営者が意思決定をするとき、「何となくその気になれないからやめる」といった経営決断は容易ではないはずだ。「何となく」では相手先に説明できないし、幹部や社員もそれでは納得しないだろう。

しかし、「できない」と「あえてやらない」は違うのだ。これはしっかり覚えておいてほしい。本当に優れた経営者は、迷ったときこそ直感で決めている。やればできるが、「直感」を信じてあえてやらないという決断ができるのが、一流の証しである。

重要な判断を迫られる局面では、絶対に「魂＝本能の脳」で決めたほうがよい。特に、失敗したら命取りになるというほどの局面では、「魂＝本能の脳」を信用すべきだ。

一方、大して重要なことではなく、「これくらいなら失敗してもぼちぼちで済む」と思えるくらいであれば、損得で判断したほうがよい場合があることも申し添えておく。

いずれにしても、「魂が燃えない」と感じたら、やめたほうがよいのだ。儲かるけれどちょっと違うと感じることには、往々にして何らかの欠陥が潜んでいる。それを、魂が感じるのである。魂が危険を察知するのである。それで、「何となく」という感じで伝えてきているのだ。この「何となく」を無視すると、必ず足元をすくわれる。

決断とは、魂が燃えると感じることを優先すべきなのである。

## 本能の脳が確信していることが直感となる

私も、人生の大きな決断では自分の直感を信じた。

29歳のとき、ある上場企業を辞めてサンリを始める決断をした。私が能力開発の研究に着手したきっかけは、1976年のモントリオールオリンピックで、旧ソ連や東欧諸国の選手が多くのメダルを獲得し、その育成の秘訣が、右脳で「成功イメージ」を思い描く方法であるという、ドイツの研究発表を知ったことによる。

この発表を知り、ビジネスチャンスを感じた私は、早速調査に乗り出した。しかし、当時の日本のスポーツ界では、メンタル、すなわち脳へのアプローチの重要性などまったく理解されておらず、精神面については、根性を鍛えるという名のもとに、過剰な体力的、技術的トレーニングが行われていた。

したがって、どこの研究機関に当たってもイメージと能力の研究はされていなかった。そこで、自らこの研究に乗り出したというわけである。

私の本能の脳は、絶対に成功すると確信していたが、私が勤めていた会社の同僚や親戚、友人などはみんな口を揃えて、「金になるはずがない」「やめておいたほうがいい」と大反対したのである。

しかし、私の妻だけは違った。「俺はこれをやろうと思うんだけど……」と言ったとき、妻は「おとうさん、成功すると思うの?」と聞いてきた。私は、「成功すると思う。ただ、2年くらいは収入がなくなってしまうかもしれない」と答えた。すると、妻は次のように言ったのである。

「何をやったって、初めは収入がないのは当たり前じゃない」

この言葉で私の脳は一発で変わった。みんなの大反対でマイナス情報が入ってきてマイナス思考になっていた私の脳が、妻の一言で一気にプラスに変わったのだ。そして、サンリを始める決断をした。

結果的には、妻の言葉、自分の直感を信じてよかったと思っている。妻の本能の脳も、成功を確信していたのかもしれない。

今でも、あのときに反対した同僚たちとたまに会うことがあるが、そんなとき、彼らは決まって「おまえは成功すると思ったよ」と言ってくる。当時は大反対した彼らが今はそう言うのである。そもそも、他人というのは結構いい加減である。「成功するよ、成功するよ」と言ってくれたとしても、失敗したからといって責任を取ってくれるわけではないのだ。

私の経験から見ても、迷ったときは他人の言うことを聞くよりも、自分の直感を信じたほうが絶対によいと言える。

## 魂の声は動機と連動している

「他人はだませても自分はだませない」

私はこの言葉を講演会や勉強会で多くの皆さんにお伝えしてきた。

自分の魂に対して嘘をつかなければ実行できないことをすると、苦しくなってしまう。たとえ一時的にはうまくいくように見えても、それはやがて崩壊するものだ。

私は、動機には2種類あるとお伝えしてきた。それは、「打算的な動機」と「純粋な動機」である（次ページ図）。

「打算的な動機」はいずれ崩壊する運命にある。一方、「純粋な動機」は今苦しくても、いずれ必ず繁栄する運命にある。

ここで、「動機」について考えてみよう。

20年ほど前のことになる。日本能率協会で、神戸大学大学院の金井《かない》壽宏《としひろ》教授と一緒に、国内のトップ企業の研究者・技術者の皆さんの指導をさせていただいたことがある。

## 2種類の動機

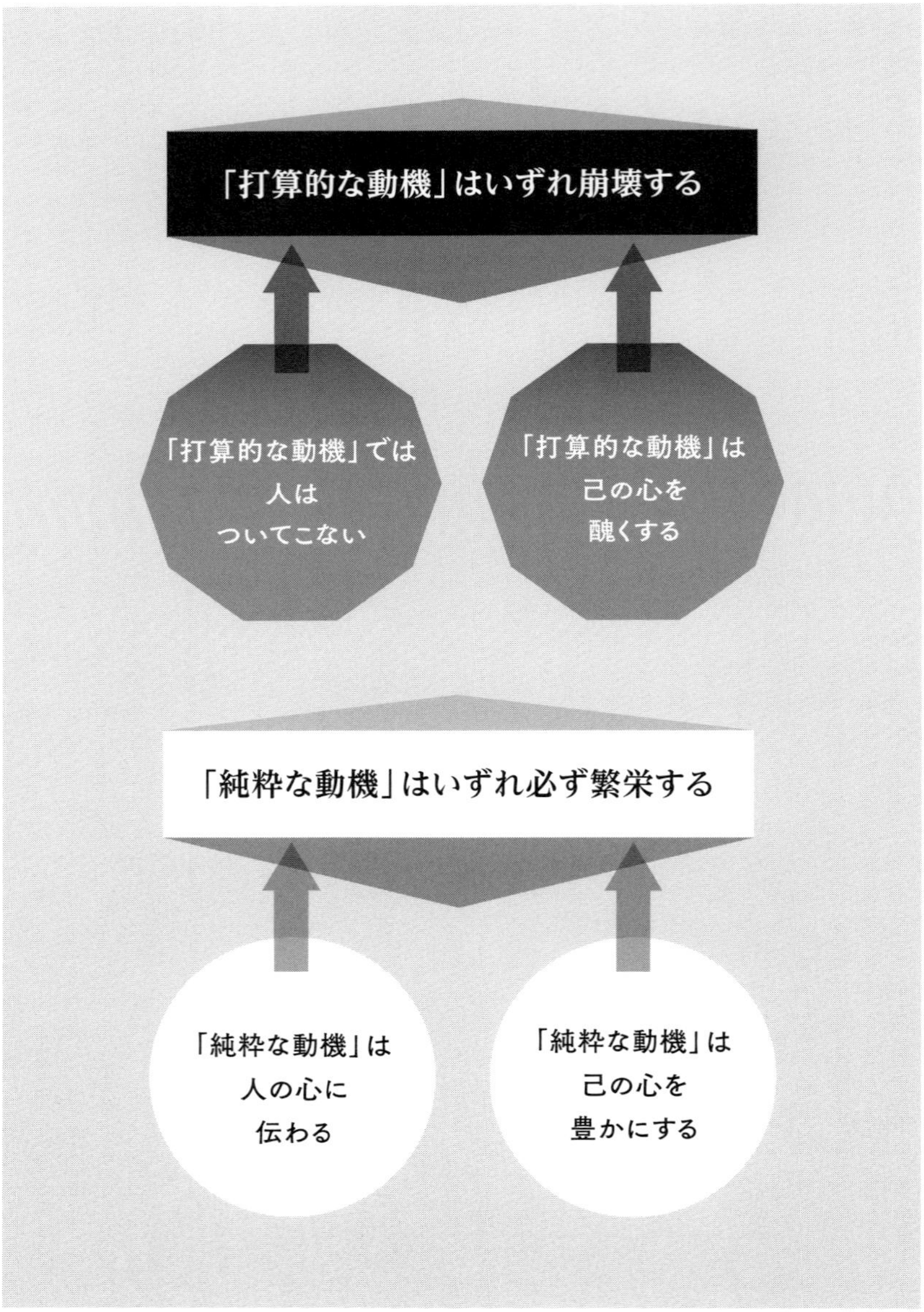
「打算的な動機」はいずれ崩壊する
「打算的な動機」では
人は
ついてこない
「打算的な動機」は
己の心を
醜くする
「純粋な動機」はいずれ必ず繁栄する
「純粋な動機」は
人の心に
伝わる
「純粋な動機」は
己の心を
豊かにする

金井教授は、経営管理・経営行動科学を専攻され、人間のモチベーションに関して学問的に研究しておられる方である。

金井教授は、モチベーションには次の4つの種類があり、それぞれ高め方が違うと説かれている。

**4つのモチベーション**

1 緊張系……危機管理、圧力、未達成感、ハングリー精神
2 希望系……夢、目標、達成感、自己実現
3 関係系……メンバー、人間関係、メンター、ロールモデル
4 持論系……自分なりの考え方、他人と比較をしない

1の緊張系とは、簡単に言うと「プレッシャー」である。

2の希望系とは、夢を描いて夢に近づけるように頑張るなどのポジティブなモチベーションである。

3の関係系とは、人間関係から生まれるモチベーションである。たとえば、同僚や仲間

とともに切磋琢磨して成し遂げる、家族や友人、同僚の支えがあってやり切るなどである。

4の持論系であるが、「持論」というのは、「自分で決めたこと」「自分の方針」ということだ。

私が脳の機能から考えた力をあらわす言葉があるが、それをこの4つのモチベーションに対して当てはめると次のようになる。

**4つのモチベーションと4つの脳力**

1 緊張系……苦楽力（最悪の状況を分析して最善の状況をイメージできる力）
2 希望系……夢力（夢や希望の力）
3 関係系……他喜力（自分以外の人を喜ばせる力）
4 持論系……成信力（成功を信じる力）

いかがだろうか。魂の声とは、人間の本質がそのまま出てくるものだ。まじめな人からはまじめな声が聞こえ、いい加減な人からはいい加減な声が聞こえてくる。仕事に熱意のある人からは熱意の声が聞こえるのである。

そして、魂の声は動機と連動している。経営には、緊張系も希望系も関係系も必要であるが、天運思考には持論系モチベーションが絶対に必要である。経営者に求められる「覚悟」こそ、魂の決断だからである。

## 戦い続けたあとに求める究極の欲がある

モチベーションの話を続けよう。

数多くの経営者やスポーツ選手にお目にかかると、大きく成功した人間は人間的にも優れているということがよくわかる。

もちろん、例外もないことはないが、一流を目指して努力することが、心の修行であったかのような境地に立っているように見える人が多い。

イチロー選手は野球に打ち込む求道者のようである。かつてダイエー(現ソフトバンク)で活躍し、現在は野球日本代表「侍ジャパン」の監督である小久保裕紀《こくぼひろき》さんはイチロー選手の思い出を次のように語っている。

イチローについて忘れられない思い出がある。私はプロ2年目の1995年にパ・リーグの本塁打王になった。勘違いして、てんぐになった。おかげで翌96年のシーズンに入ると成績は散々。一方でイチローは3年連続の首位打者にばく進していた。

その年のオールスターゲーム、外野を2人でランニング中に彼に聞いた。「モチベーションが下がったことないの?」。すると、イチローは私の目を見つめながら「小久保さんは数字を残すために野球をやっているんですか?」と言った。「僕は心の中に磨き上げたい石がある。それを野球を通じて輝かしたい」。自分はなんと恥ずかしい質問をしたのかと、顔が赤くなった。彼の一言で「野球を通じて人間力を磨く」というキーワードを得た。

——『毎日新聞』(2016年6月17日付)

成功は「心の成長」なしではありえない。

私は能力開発の専門家であり、道徳家ではない。したがって、「心の成長」ということも、道徳的・宗教的な見地から申し上げているのではない。「心の成長」とは、言い換えれば「魂を磨く」ということであり、イチロー選手の言葉を借りれば「心の中の石を磨く」ということである。

アメリカの心理学者アブラハム・マズローは欲求の段階説を唱えたことで有名である。

彼によれば、人間はさまざまな欲求を持っている。

彼の独創的なところは、人が持ついろいろな欲求は、階層的になっていると見抜いたことだ。

どういうことかと言うと、人の欲求にはランクがあり、下位の欲求が満たされると、より高いランクの欲求が初めて目覚め、そちらを満足させたくなるというのである。

マズローは、人間の欲求を次の5段階に分類している。

1 生理的な欲求（空気、水、食料、睡眠などが十分に与えられること）
2 安全への欲求（恐怖や不安から解放されること、快適であること）
3 愛と帰属の欲求（愛されること、自分の居場所があること）
4 自尊心の欲求（他人から認められること、尊敬されること）
5 自己実現の欲求（自分らしく生きること、心が充実すること）

「働く」という行為には、この5つの欲求のすべてを満たす要素が含まれている。そして、何のために働くのかというモチベーションによって、1~5のうちで満たされる欲求や、稼ぎの大きさまでもが決まってしまう。

必死に働いても食べるだけで精いっぱいという人は、何とか1の「生理的な欲求」レベルを満たしている状態である。

どうにか人並みの生活を送っている人は、2の「安全への欲求」レベルである。

家族を幸せにするために働いている3の「愛と帰属の欲求」レベルの人は、ある程度の贅沢を家族に与えることができている。

さらに進んで、4の「自尊心の欲求」レベルの人は、世間に認められたいという欲求（権力欲・征服欲・支配欲）のために強欲に働いている。

そして、5の「自己実現の欲求」レベルの人は、自己実現や心の充足のために働いている。自分の使命を自覚してトップに上りつめ、自分のためにも、人のためにも「ものすごく稼ぐ人」になるレベルである。

ところが、マズローは死ぬ前に、この5つよりももっと上の欲求があると考えたと言われている。

しかし、それが何なのかわからないまま死んでいったのだ。

私は、その上の欲求というのは「無欲」だと考えている。「無欲」と言っても、「何もいらない」と言って戦うことをせず、何事もあきらめてしまう「消極的無欲」ということではない。戦い続けたあとに最終的に求める「積極的無欲」である。

これは、物欲を捨て、「人様のためにのみ行動したい」と本気で思える究極の欲である。自分の「魂」を磨き上げたいという最上の欲なのだ。

この「無欲」というレベルまで行ける人は、ほんの一握りの超一流の人だけである。この究極のレベルまで行くには、強烈なモチベーションと行動が必要になる。希望や願望などという甘いレベルだけでは、まったく到達することはできない。この無欲に至るまでの望みの強さと質は、次ページの図のようになっている。

「積極的無欲」とは、物も名誉もいらないという無心の状態でありながら、「命に代えてもやる」という強い信念のある究極の状態である。つまり、「積極的無欲」こそが「純粋な動機」による天運的生き方なのである。

望みの強さと質

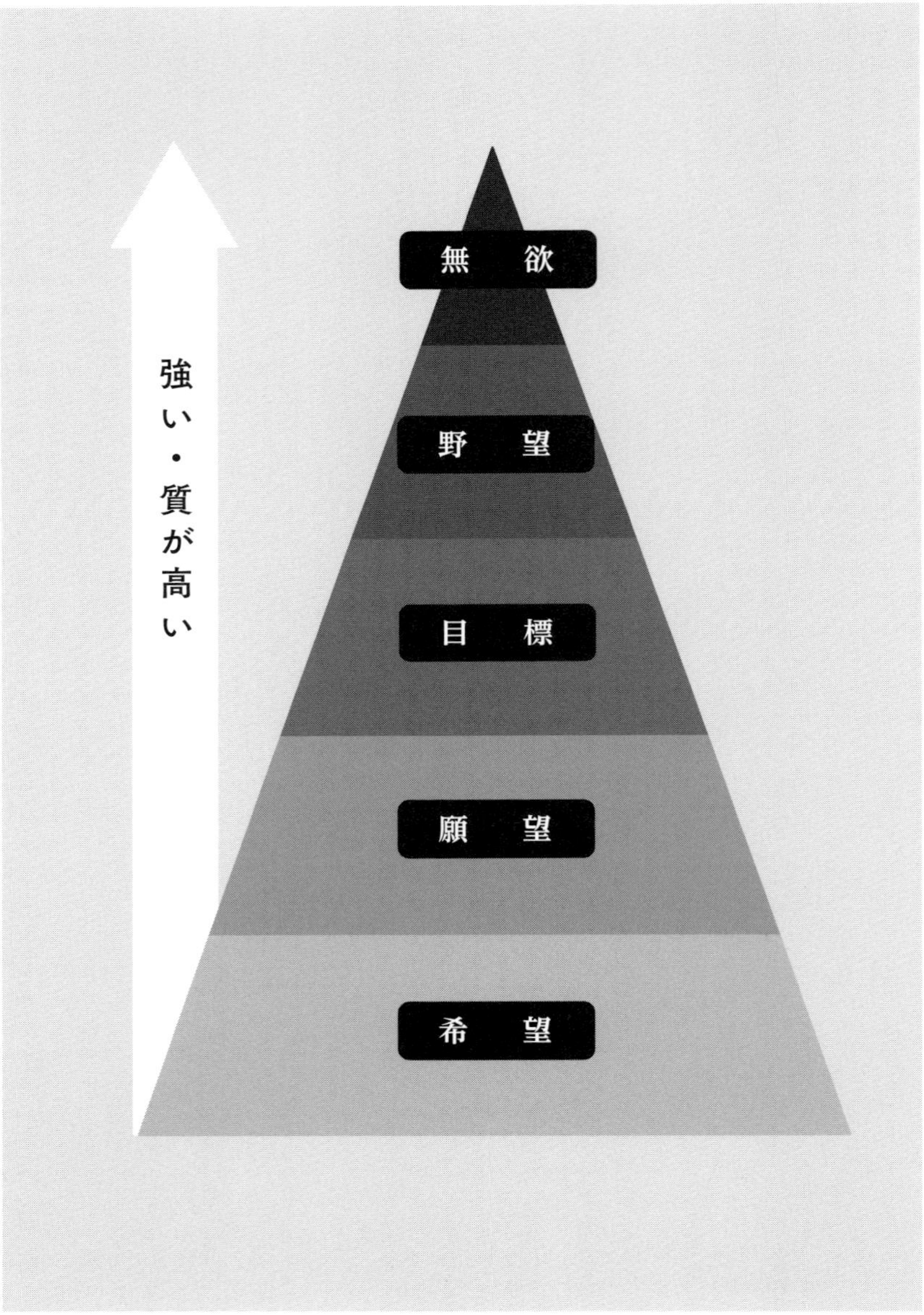

## 無欲の前には野心がなければならない

「無欲」ということを人間の行動原理で申し上げると、その前に「強欲」というステージを経なくてはならない。

つまり、まず最初に野心がなくてはならないのである。野心があるからこそ、物事を「やり抜く力」がつくのであるが、この野心にも、虚栄心との比較によって次ページの図のように2つがある。

虚栄心とは、他者からよく見られたいという心情や見栄である。見栄の野心の人は、明るくいいことばかりを口にする。しかし、そのような明るい夢力だけでは、何か一つのことを非常に高いレベルでやり抜くことはできないだろう。

野心とは、何かをやり遂げたいという意思である。見栄よりも虚栄心よりもどんなものより野心が大きくないと、物事はやり抜けない。そしてこの強い野心がないと、無欲という究極の欲を持てるレベルまで行くことはできないのである。

**2つの野心**

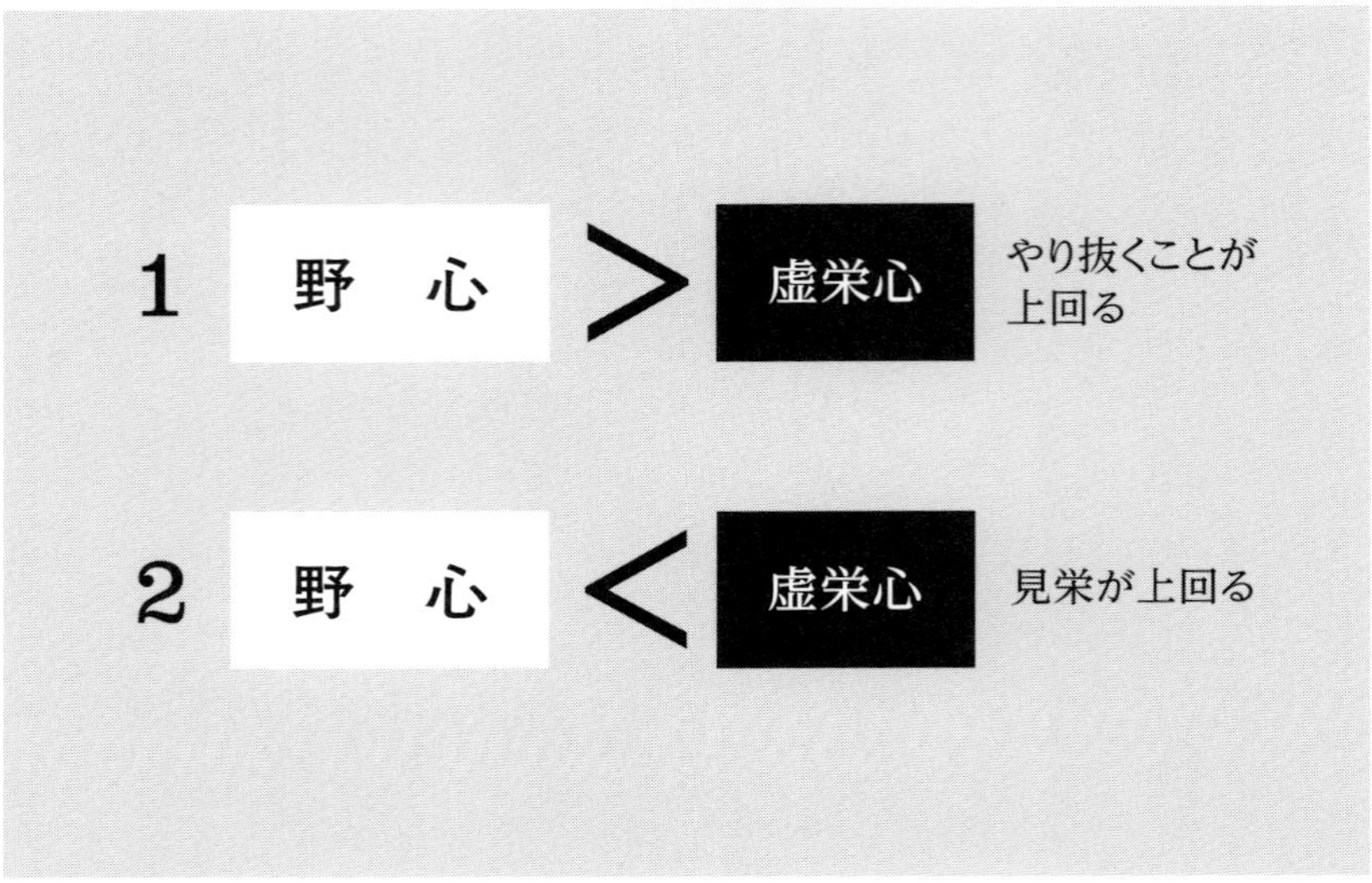


　ところで、最近の若い人には、無気力、無感動な人が増えているという。少ない収入の中でやり繰りしようとするため、枠を広げるという考えに至らないようだ。高い買い物を控え、新しい発見にワクワクするよりも、準備が面倒という無気力さが勝ってしまうために、旅行へも行かないらしい。

　今の日本人は願望を描く力が低い傾向にある気がする。「身の丈に合った」とか「分相応」などという言葉をよく耳にするが、そのような考えが根本にあるために、願望を描くことがよくないことのような潜在意識があるのではないだろうか。

　本当は欲があるからこそ、人は頑張ろうと思うのであり、楽しいことを知っているからこそ、人を喜ばせることができるのだ。自分が感動できるからこそ、人を感動させることができるのである。

つまり、無気力、無感動は、成功のための大きな障害だと言える。

強い野心とは、純粋な魂の叫びである。魂の叫びに耳を傾け、その欲求を満たすことで究極の無欲のレベルにまで近づいていけるのだ。魂はあなたが驚くほど大きな野心を求めるかもしれない。

しかし、その声にも素直に耳を傾けることが重要なのだ。

## 純粋さを強化する「『き』の法則」

ここで、魂に関わる習慣についてお伝えしよう。

「天運の法則」で生きるには、天運習慣を持つことが重要になる。魂の純粋性を高めることを日々の習慣にするのである。習慣とは脳への入力、出力であるから、毎日繰り返すことで魂の純粋性が強化されていくことになる。

天運習慣の一つに「『き』の法則」がある。

取引先、会社の人間関係、友人関係……などと、私たちはいろいろな場面で気をつかって生きている。

「気をつかう」とは、『広辞苑』（岩波書店）に「周囲の人や物事に、細かく心づかいをする」と書いてあるが、要は神経をつかうということである。

お店などに行くと、「いらっしゃいませ」と店員があいさつをしてくれる。マニュアル通りのあいさつは損得勘定で「気」をつかっているというレベルである。これでは、気をつかってもらうほうもそれほどうれしくないし、気をつかうほうも疲れるだけだ。

ところが、「喜《き》」をつかうというレベルがある。お客様が来られたときに、お店や店員のうれしさや喜びがお客様に伝わるあいさつである。

この「喜」をつかうことができるようになると、お客様の期待を超えたサービスができるようになる。

つまりこういうことだ。「喜」をつかって仕事に取り組んでいると、「こうすれば上手くいくのではないか」「こうしてみたい」などとアイデアが浮かんで仕事が楽しくなり、発展思考になっていく。

「き」の法則

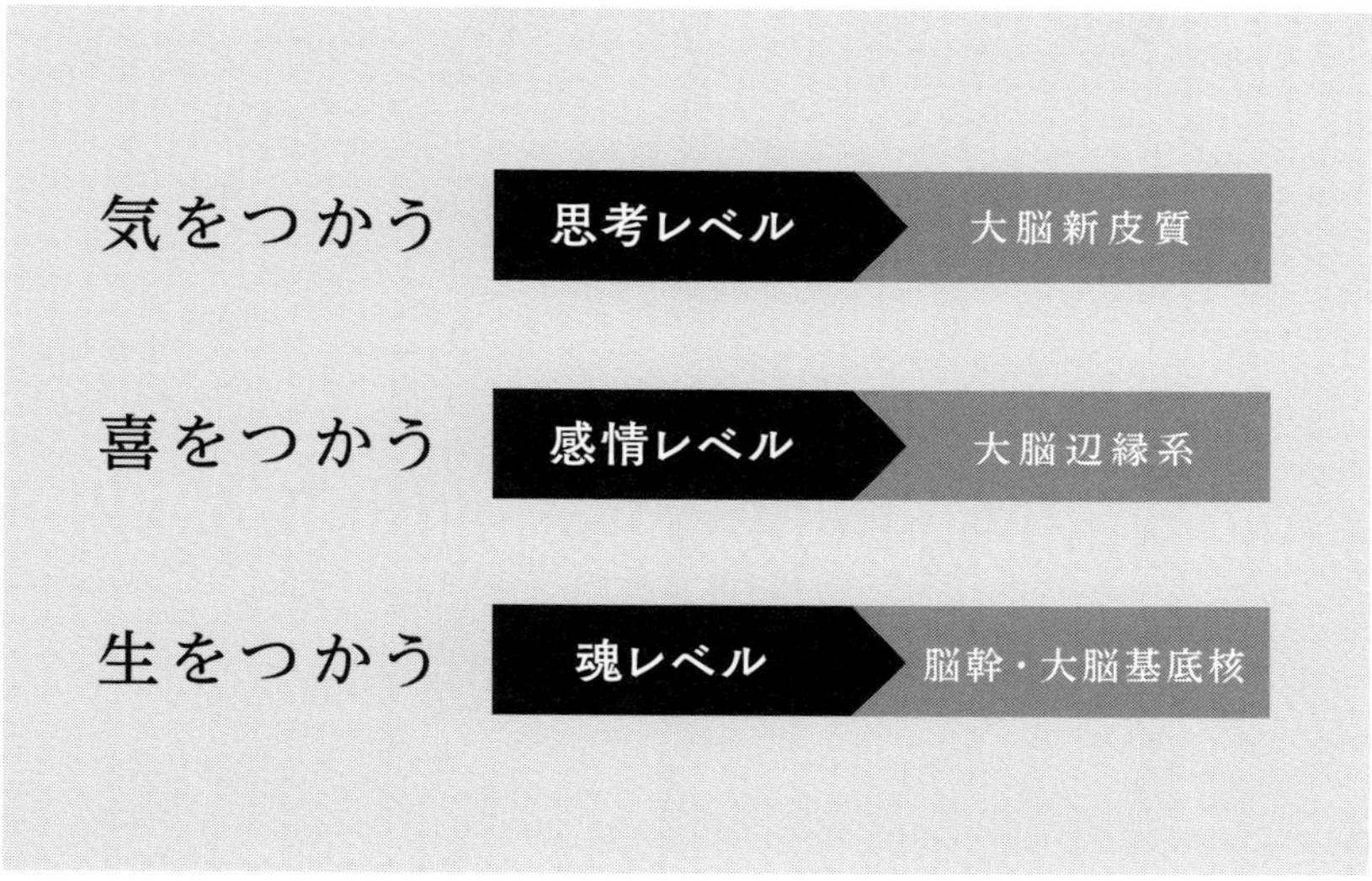

| | | |
|---|---|---|
| 気をつかう | 思考レベル | 大脳新皮質 |
| 喜をつかう | 感情レベル | 大脳辺縁系 |
| 生をつかう | 魂レベル | 脳幹・大脳基底核 |

すると、そこにお客様の期待を超えるサービスが生まれる。期待されているので役割が発生し、成長できるのだ。

「あの人を心から喜ばせたい」

そう思えば、いくらでも工夫できるものである。

人は、自分に興味を持ってくれている、自分のために時間を使ってくれたことに対してはうれしくなるものだ。世の中は「他人を喜ばせると儲かる」という仕組みになっているので、面白いように繁栄してしまうのである。

しかし、さらにこれを超えた究極の「き」のつかい方がある。それは、「生《き》」をつかうということである。この「生」とは「灘の生一本」の「生」である。混じりけのない純粋な魂の「生」をつかうということなのだ。

ただし、赤ちゃんの「き」とは違う。私が言っているのは、赤ちゃんのように雑念も邪心もない状態で、さらに脳の3層すべてを使った「き」なのである。純粋かつ、人を喜ばせる力があり、人を思いやる力があり、思考力も備えた「き」ということだ。人の成長レベルで言えば、これは無欲に近いと言える。

相手に「生」をつかうと、まるで神様や仏様のように、「ありがたい、ありがたい」と感謝される。自分自身も「生」をつかうと、天から与えられたものすべてに感謝し、不思議と天命に生きるという境地になるのだ。「生」をつかっていると、生きている喜びがじわじわとあふれ出てくるのである。

仏教の言葉に「和顔愛語《わげんあいご》」というものがある。これは、笑顔と思いやりのある言葉で人に接しようという教えである。ちなみに、私の父の戒名は「浄品院雄誉和顔清涼居士」というもので、この言葉とともに父を思い出すのである。

「生をつかう」や「和顔愛語」を習慣にすると、相手の魂が喜び、自分の魂も気持ちがよくなる。そして魂が「快」になり、純粋さが強化されていくのである。

「生」をつかうのも、「和顔愛語」も、お金は一切かからない。人から喜ばれて繁栄していく。天体の巡りのように、「天運の法則」が回り出すのである。

習慣を変えると、結果も変わってくるものである。脳はすべてのことを入出力している。だから、何気なく行っているような自分の習慣を洗い出してみていただきたい。ちょっとした習慣というのもおろそかにしてはならない。脳はすべてを覚えているからだと意識しておこう。

たとえば、私はエレベーターで高層ビルの上のほうまで行ったときには、エレベーターを1階に戻しておくようにしている。エレベーターを1階に戻しておけば、次に乗る人が待たなくて済むだろう。ちょっとしたことなのであるが、私の魂はエレベーターを1階に戻しておいたほうが、気持ちがいいと言ってくるのだ。

他人に対して、嫌味を言ったり、失礼な物言いをすると、相手だけでなく自分も気分が悪くなるだろう。

それは、口に出した言葉が相手の脳と魂だけでなく、自分の脳と魂も傷つけている証拠である。魂が不快になる習慣、魂を傷つける習慣はしないと決めておくとよい。やらないことを徹底することで、驚くほど結果が変わってくるはずである。

## 実践　習慣の見直し

ここで、あなたにも習慣を見直してもらおう。できるだけ魂を傷つける習慣をなくし、魂が喜ぶ習慣だけを行えるようにしていただきたい。

・毎日行っている習慣を書き出す

・その中からやめる習慣を決める

・残ったものの中から習慣にすることを決める（魂が気持ちいいこと）

# 本気とは魂の決断である

魂の話を続けよう。

何かを成し遂げようとするとき、絶対に必要な条件がある。それは、己を犠牲にしてもやり抜くという「覚悟」である。

大きな成功はこの「自己犠牲」の上に成り立っている。

自己犠牲には、人に言われて仕方なく行う「消極的自己犠牲」と、自らの意思で自分を追い込む「積極的自己犠牲」がある。

人が「本気」になったとき、どんな逆境でもつらくないのは、自らの意思で取り組んでいるからだ。一流の人間であれば、ワクワクしながら自分を追い込むはずだ。ゴールのイメージがありありと見えているから、心の底からワクワクしている。人間の脳は、ゴールが見えていれば、苦しみも楽しみに変えるのである。

人に指示されて「仕事だからしょうがない」と嫌々やるような「消極的自己犠牲」から

は何も生み出せない。強要されたり義務感から行う「消極的自己犠牲」が生み出すものには、喜びも感動も存在しない。魂が嫌がっていることは、ストレスになるばかりで何もいいことはないのだ。

人の物事への取り組み方のレベルには、次のように3種類あると、私は常々申し上げている。

**物事への取り組み方のレベル**

1 いい加減
2 一生懸命
3 本気

経営者でいい加減な人間はいないだろう。しかし、損得ばかりで意思決定をしていたり、そこだけに一生懸命な人は、仕事に対してワクワクした気持ちではないだろう。

それではストレスが大きくなり、いずれは行き詰まってしまう。他人から何を言われようが、どう見られようが、たとえ「アホ」「変態」「変人」だと言われようが、覚悟を決めて本気でやれる人間。そういう人間だけが真に高いレベルまで行くことができるのだ。
明治の教育者で後藤静香《ごとうせいこう》という人がいる。日本で最初に点訳奉仕運動を提唱した人物だ。氏の書いた「本気」という詩を、私は講演などで機会があるごとに紹介してきた。ここで皆さんにもご紹介したい。

本気

後藤静香

本気ですれば
たいていな事はできる
本気ですれば
なんでも面白い
本気でしていると
たれかが助けてくれる
人間を幸福にするために

本気ではたらいているものは
みんな幸福で
みんなえらい

――『権威』（後藤静香著／善本社）

この詩を読むと、感服する。脳のことがわかっていない時代に、ここには脳の特性がすべて表現されている。

本気でやればたいていのことができるはずなのに、やっていないからできないだけなのだ。よく「やりたいけれど、できそうにない」と言う人がいる。それは本気でやっていないからだ。

本気で取り組んでいると、誰かが助けてくれるものだ。99％の人が反対していることでも、本気でやっていれば、それを見てくれている人が必ずどこかにいる。たった一人で始めたかもしれないが、味方が必ず現れるのだ。

本気にならずに生きている人間は、何をやってもうまくいかず、仕事も面白くなく、助けてくれる人も現れず、できないことを他人のせいにしていることだろう。

ただし、多くの人が本気になれないのも事実だ。なぜかと言うと、「本気」とは覚悟を決めることであるが、人間の脳は覚悟を決めることに恐怖を感じるからである。

覚悟を決める際に、ためらいや不安がよぎるのは当然のことなのだ。だからこそ、それを乗り越える力が求められるわけである。

ところが皮肉なことに、覚悟をせずにチャレンジを回避しても、それがまた恐怖になるのだ。小さな子どもがプールに初めて行ったときに、水を飲んでしまったとする。「お母さん、もう泳ぐのは嫌だ」と子どもが言ったとしよう。そのとき、母親が「そうね。もうやめていいよ」と言ったら、その子は一生水が怖くて泳げなくなる。そこを、「もう1回やってみようよ。きっと泳げるようになるよ」と言えば、子どもは泳げるようになる。

初めて自転車に乗るときも同じだ。乗れると思ってチャレンジし続ければ、補助輪なしで乗れるようになる。

プールでも自転車でも、仕事でも人生でも、逃げると恐怖が生まれるのだ。それが脳の法則だ。

経営者には、社員に「本気で人生を生き、本気で仕事をする」大切さと楽しさを教える役目がある。

繰り返し申し上げる。人が何かを達成するときは、必ず「積極的自己犠牲」を払っている。必ず本気で取り組んでいる。本気とは、魂の決断である。魂が「やる」と答えたら、迷いなく前に進むのである。

いい加減や一生懸命には限界があるが、本気には限界がないのである。

## 答えは問処にあり

賢明な皆さんのために申し上げておく。魂の決断をしたいのに魂の声が聞こえないからといって、性急になる必要はない。

大事なのは、とにかく自分自身に繰り返し問いかけ続けることである。そうすれば、答えは必ず出てくる。脳はそうなっているのだ。

禅の言葉に「答えは問処《もんじょ》にあり」という教えがある。その意味は、解決策は自分自身の中から導き出すことができるということだ。

「天運の法則」で言えば、「すべての答えは3層の脳にある」ということになる。繰り返しになるが、3層とは大脳新皮質（知性脳）、大脳辺縁系（感情脳）、脳幹（反射脳）である。脳に問いかけると、脳は国立国会図書館100館よりもすごいデータベースをフル回転させて答えを出してくれる。

脳にはすべて忘れずに覚えているという特性がある。これを私は「脳の記憶特性」と言っている。自分では忘れたと思っていても、脳はすべてを覚えておいてくれるのだ。過去の経験の内容を保持しておいて、あとでそれを思い出すという素晴らしい機能である。

夫婦ゲンカを例に考えてみよう。皆さんも、妻や夫とときにはケンカになってしまうことがあるだろう。ケンカの最中はヒートアップして、売り言葉に買い言葉で修羅場となることもあるだろう。しかし、あとで冷静になると、「なぜ、夫を怒らせてしまったのか」「なぜ、妻を怒らせてしまったのか」と考えることだろう。すると、「こう言ったからかあ」という答えがポッと出てくることがあるはずだ。心に問いかけると、脳が答えを出してくるのだ。

同じように、経営上の問題でも、己の生き方でも、自分の心に問いかけると、脳がフル回転して答えを出してくる。素直な心になって脳の答えに耳を傾ければ、解決策が得られるようになっているのだ。

脳は
国立国会図書館
100館よりも
すごいデータベースを
フル回転させて
答えを出してくれる。

もしも、自分の心に問題を問いかけて「ずるい答え」「せこい答え」「卑怯な答え」「悪意のある答え」しか得られなかったとすれば、残念ながらあなたの脳は「悪い心」になっていると言える。

脳は、今までのあなたの集大成である。そして、脳は、あなたのすべてを見逃さない。他人をだますことはできても、自分をだますことはできないのだ。

ここで「脳への入出力」をおさらいしておこう。

人間の脳は、コンピュータなどと同様に、「入力」と「出力」によって動いている。ずるいことを考える（入力）と、ずるい行動（出力）をして、ずるさが強化される。よいことを考える（入力）と、よい行動（出力）をして、よい心が強化される。人に明るく接すると、明るい自分ができる。人を喜ばせると、楽しい自分になる。何を考え、何を思うかが「自分の脳」を形成しているのである。

これを仏教の言葉で「因果応報《いんがおうほう》」と言う。原因と結果の法則である。結果を生み出す「因」によって生じたものが「果」である。世の中のすべてには、原因があれば結果がある。あらゆる事象における因果の道理というのが、「因果応報の法則」である。

もう一つ、重要なことがある。実は、「答え」はその問いの内容によって、２カ所から出てくるのだ。

問処で簡単に答えが出てくる場合は、「心」と「大脳新皮質」の脳の記憶データからである。損か得かといったような二者択一は、大脳新皮質の判断である。あなた自身が生まれてから、入力と出力で強化してきた脳からの答えである。

「天運の法則」で扱うのは、もう一つの場所から出てくる深い答えだ。それが、魂からの答えである。

これまでお話ししてきたように、魂は奥の脳にある。例えて言えば、記憶データが地下3階だとすると、魂は地下300階くらいの違いだろうか。出口までかなり遠いため、答えはすぐには出てこない。

魂の答えは、魂の記憶、ご先祖様から伝承・伝達されたデータからの答えである。あなたが生まれてから、正義感について入出力を繰り返していなくても、なぜか正義感に満ちた答えが得られる場合があるのは、そのためである。

魂から答えを得るには少し時間がかかるかもしれない。だから、すぐにあきらめてはいけない。根気よく「問う」ことが必要なのである。

経営者の皆さんも、大きな決断、厳しい決断に迫られることがあるだろう。そんなとき、性急に大脳新皮質を使って損得だけの答えを得るよりは、魂の答えを得てほしい。瞑想などの力を借りて、普段は閉じられている魂への扉を開き、そこに問いかけてほしい。この魂との対話が天運思考なのである。

なお、瞑想については巻末に補章として載せておいたので、そちらも参考にしてほしい。

## 脳の動きを停滞させない「有無・無有思考」

人間は生きている以上、「儲かりそうだけど、何となく嫌な予感がする」「どうなるかわからないけど、ピンと来た」などとインスピレーションが冴えているときもあれば、魂に問いかけても、感じ方が鈍いときもあるだろう。集中力は同じ人間でもときによって異常に集中できるときもあれば、なかなか集中できないときもある。

経営では、集中力の差が結果に大きな影響を与えるものである。優秀な経営者は経営に対する意識が高く、経営に集中力がある。一流スポーツ選手は、試合ごとに集中力の戦いをしていると言える。一流であれば、集中すべきときに集中できる状態にコントロールできることが必要となる。

実は、脳の集中は次のプロセスをたどっている。

**停滞　↓　発展　↓　拡散　↓　集中**

このプロセスで脳を意識的にコントロールできれば、どんな場合でも集中したいときに集中できることになる。意識的によいインスピレーションがわき、圧倒的な確信が持てて、「魂の答え」も得やすくなるというわけだ。

さて、脳を集中させる方法はいくつかあるが、私としては、特に「有無《うむ》・無有《むゆう》思考」を習慣にしていただきたいので、これからお話していく。

「有無・無有思考」とは、「相手にあって自分にないもの」「自分にあって相手にないもの」というように、両方の見方をしてみる思考法だ。

たとえば、あなたには尊敬する人がいるとする。尊敬するとは、脳が「あの人はすごい」と思っている状態である。このときのあなたは「相手にはあって、自分にはない」という視点で相手を見ている。しかし、脳がその状態のままである限り、あなたはその人に近づくことはできない。

そこで、これを逆に考えてみるというわけだ。

「尊敬しているあの人にはなくて、自分にあるものは何か？」

その瞬間、自分の欠点がどんどん出てくるだろう。これを繰り返すうちに、欠点が明確になり、自己の成長につながるのだ。

単純な一方思考になると、思考は停止してしまう。だから、何かを見るときには反対側から見ることが必要で、そうすると思考が停滞せずに発展することができるのである。

自分の中にもう一人の自分がいるかのように、別の面から物を見ることを習慣にすると発展思考になれる。右の耳で聴いたら、左の耳でも聴くのである。

## 「天運」を感じ続けられる「天との約束」

さて、ここまで天運の習慣について理解していただけただろうか。ここでは、その習慣を実行し続けるための話をしていこう。

あなたは、誰とどのような約束をして生きているだろうか。

世の中で成功する人は約束を守る人である。そして、超一流の人とは次の6つの約束を守る人である。

**6つの約束**

1 自分との約束
2 他人との約束
3 人生の師との約束
4 愛する人との約束
5 社会との約束
6 天との約束

成功する人がしている約束が、1の「自分との約束」である。「自分との約束」をしなければ、世の中で成功するということはありえない。

しかし、人は「自分との約束」を裏切るものである。身近な例で考えてみても、ダイエット宣言した人がおいしいケーキを見たとたん、「ダイエットは明日からに変更！」などということはよくある。

また、プロポーズするときも「必ずあなたを幸せにします！」と相手と約束したり、自分とも約束をしているわけだが、新婚のときはともかく、1年、2年、3年……と経つと、その大切な約束をすっかり忘れてしまう人が世の中にはたくさんいる。

一度、「こうなる！」「こうする！」と決意・決心した「自分との約束」を守れる人は、ほんの一握りである。だから、成功者というのは少ないのである。

「自分との約束」を守るためには並々ならぬ精神力が必要である。自分に対する確固たる自信、逆境を乗り越える力、日々前に進むモチベーションなど、ありとあらゆる能力がなければ挫折してしまうだろう。

2の「他人との約束」とは、仕事の締切であったり、時間の約束、何かを借りたら必ず返すなど、日常での約束ということである。多くの人は、他人との約束をしっかり守ろうとする。もし他人との約束を破ることがあれば、当然信用されなくなってしまう。

3の「人生の師との約束」と4の「愛する人との約束」は、端的に申し上げると、「自分との約束」を確固たるものにするために、他人の力を借りようということである。ただ、他人なら誰でもいいというわけではない。「人生の師」と思えるような人、自分を犠牲にしてまでも守りたいと思うくらい「愛する人」の力を借りることが重要なのである。

愛する人とは、感謝がベースになっている。

師とは、あなたが尊敬する人である。自分の愚かさを「人生の師」に教えてもらうという意味合いで、自分の愚かさを「師との約束」で追求していくのである。

誰もやっていないような新しいことを始めようとすると、まわりは必ず反対する。しかし、まわりに理解されなくても、バカにされても、意地でも「自分との約束」を守れる人が成功するのである。

そして「自分との約束」を強固にするために、「人生の師との約束」「愛する人との約束」を利用すれば、物事はきっと成就していくのだ。

大きなことを成し遂げようとして「やっぱりダメかも」とあきらめたその瞬間は、「自分との約束」を破った瞬間なのだ。成功を目指す方にはぜひ理解してほしい。

そして成功は、5の「社会との約束」によって強運になっていく。経営者であれば、従業員の幸せを実現し、自社の商品で消費者を幸せにして、人を喜ばせることに喜びを感じることで「運」は上昇していくのだ。

そして最後に、6の「天との約束」がある。「強運」は感謝によって「天運」になるのである。

私は亡くなった父母が天にいると思っている。さらに私は、「しっかりした人生にします」と天との語り合いをしている。「自分は何のために生を受けたのか」。この問いを自分に発するのである。

誰も見てくれていなくても、天は見てくれている。人はごまかせても、天はごまかせない。天がすべてを見てくれていると思うと、自分の努力を人にわかってもらう必要はないと思える。天だけがわかってくれていればいいのだ。こっそり怠けても、天は見ている。人知れず頑張る姿も、天は見ている。天と約束すると、自分自身に嘘がつけなくなるのである。強くてブレない信念ができるのである。

「天との約束」をすると、信念ができ、尊敬と感謝の思いがあふれてきて、生まれてきたことに対する感謝、大自然に生かしていただいている感謝の念でいっぱいになる。この世に生まれてきてよかった、自分の特性を生かし切って、一生懸命生きようと思える。「己の使命に命をかける」という天の声が聞こえるのである。この世に生まれ出た天運を感じずにいられなくなるのである。

このように、6つの約束は成功レベルと連動しているのだ。それをまとめると、次のようになる（約束の六方拝は次ページ）。

**成功レベルと6つの約束**

「自分との約束」……………無力から有力
「他人との約束」……………有力から成功
「人生の師との約束」………自分との約束の強化
「愛する人との約束」………自分との約束の強化
「社会との約束」……………成功から強運
「天との約束」………………強運から天運

人間は、もともと誰でも「天運」を持って生まれてきている。人間は自分で「さあ、生まれよう」と意識して生まれ出たわけではない。父と母が出会い、命を授かったのだ。天からいただいた運、「天運」で生まれたのだ。だから、生まれてきただけで「天運」があるのである。

約束の六方拝

しかし、この「天運」をなくす生き方をして、天運のない人間になっている人がいる。生まれてきた瞬間には、すべての赤ちゃんが天運を持っているのに、大人になると、ほとんどの人が天運を感じなくなってしまう。

「天運」は考えるものではない。感じるものである。

この世に生を受けたのも天運である。あなたが経営者になったのも天運である。会社が存続するのも天運である。超一流の経営者は「天運」を味方につけている。

「天運」を常に感じるために、「天との約束」をしてほしい。

この「天との約束」は、本書の序でお話した「天運の法則」を連動させる7つの要素の1つである。ぜひ脳の奥に刻み込んでほしい。

約束をすれば思いが変わり、思いが変われば行動が変わり、行動が変われば習慣が変わり、習慣が変われば人格が変わる。人格が変われば人生が変わり、「天との約束」を守る努力をしている人には、天運が舞い降りてくるのである。

「天との約束」をすることで、天運が巡り出すことを覚えておいてほしい。

実践

## 6つの約束

あなたも超一流を目指して、6つの約束をして、それを守る努力をしてみよう。

1　自分との約束

2　他人との約束

3 人生の師との約束

4 愛する人との約束

5 社会との約束

# 6　天との約束

第2章

# 天運を知る

魂に刻み込まれた伝承・伝達が
正しい道を指し示す

伝承・伝達
錯覚の法則
真実の目

## 人間は伝承・伝達の過程に存在している

私は、「人間にはお金よりも大切なものがある」と思っている。だが、この考え方を誰かに教わったわけではない。私の脳に、なぜかそう刻み込まれていて、何かのきっかけがあると出てくるのである。

誰に教わったわけでもないのに、なぜか知っていることや思っていることがある。これらは、意識や心より深い領域である「魂」に格納されているからとしか言いようがない。

昭和生まれの人間が、明治時代や江戸時代のことを知っているはずはない。けれども、明治時代や江戸時代の日本の文化を懐かしいと感じたり、それ以前の日本人のものの考え方をすでに身につけていたりする。教わったつもりがなくても、現代に生きる我々の脳の奥にある魂に、確かに記憶されているのである。

この魂の記憶とは別に、「本能の記憶」と「遺伝子記憶」というものがある。

人間には他人から教えられなくてもできることがある。それが、「本能の記憶」である。

たとえば、詳細に習わなくても、人は子どもをつくることができる。

そしてもう一つ、「遺伝子」という記憶データがある。生物には、過去の影響が遺伝子という形で残っていく。DNAの二重らせん構造の中に情報として記憶されているのだ。IQなどの知力、足の速さ、バランス感覚、跳躍力などの体力、目の大きさ、足の長さ、声の質、背の高さなどの身体的特徴、方向音痴、高所恐怖症、酒が好きとか太らないといった体質など、さまざまな遺伝情報が遺伝子には記憶されている。

このように考えると、我々人間は個体として完結した存在ではなく、肉体も魂も人類の伝承と伝達の過程の中に存在しているということがわかっていただけるだろう。

## 人類は命と思想を伝達して成長してきた

それでは、我々の魂には、どのような記憶が刻み込まれているのだろうか。

まず、人類の成長の歴史について振り返っていこう。

人類が誕生したのは約700万年前とされ、現生人類であるホモ・サピエンスが誕生したのが約20万年前だと言われている。ホモ・サピエンス（Homo sapiens）とは、ラテン語で「知性人・叡智《えいち》人の意」（『広辞苑』）ということである。ヒトは直立二足歩行を行い、脳が発達して知恵を得た。そこが他の動物たちとの違いである。さらに、両手が自由になり、道具や言葉を使うようになって発展してきた。

想像するに、ホモ・サピエンスの頃の人類は、生きることで精一杯だっただろう。洞窟などに住んでいて、生き延びるために食べるだけだったと考えられる。

日本では1万数千年前から紀元前4～3世紀頃までは縄文時代である。「どうやって生き延びるか」「外敵から身を守るか」ということに知恵を絞っていたに違いない。そうして、火をおこしたり、狩猟したものを料理したり、穀物を育てたり、家畜を飼ったりするようになり、発展してきたのだ。洞窟ではなく暖かい家に住みたい、裸は寒いし暑いしかっこ悪いので服を着たい……など、そこから知恵を生み出すようになった。20万年という人類の歴史で言うと、ほんの最近のことである。

そして、人類は、あるときから急速に発達した。

18世紀後半から始まった「産業革命」がそれである。産業の技術に革新が起こり、小さな手工業中心から機械を使った大工場などへと変わり、社会の構造自体が一変した。

我々の魂には、
壮大なる
人類の成長の
歴史が
刻み込まれている。

産業革命で最も重要だったのは、電気の誕生だ。これによって、地球では大きな変化が起こった。

何が起こったかと言うと、地球上の人口が急増したのだ。電気がない時代は、日の出と日没とともに生きていたことだろう。夜になり、辺りが暗くなれば眠るしかなかった。ところが、電気の登場で、夜が長くなった。そうなると必然的に夫婦の時間が増えるから、地球上の人類が一気に増えていったというわけだ。

他の動物であれば、子どもを産む〝さかり〟というのがある。パンダに子どもを産ませるのは、さかりを待っていないといけないので大変だと聞いたことがある。ところが、人間だけはさかりがない。1年中その気になればいつでもOKというわけだ。1月生まれの人から12月生まれの人までいるのは、人間くらいである。

この他、科学技術の発達で食物の安定供給が可能になるなど、生活が飛躍的に便利になったことも人口の爆発的な増加の一因となっている。

次に、人類とお金の歴史を考えてみよう。

お金は、もともとは物々交換から始まった。イモを持つ人が魚を食べたいとき、魚を持つ人にイモとの交換を申し出る。だいたいは喜んで交換してもらえるが、魚を持つ人がイモ嫌いだった場合、交換してくれなくなる。

そこで、先人が考えたのが「市民貨幣」だった。イモが嫌いでも、同等の価値を持つ貨幣と交換すれば、その貨幣を使って他のものを買うことができる。貝殻でつくられた市民貨幣の登場によって、物々交換は格段に便利になった。

やがて、殿様などのリーダーが民から税金を取るために、日本で言うなら金銀小判といった政府貨幣をつくるようになり、そして、今や商業紙幣が流通している。お金という概念一つとっても、何百年も昔から、人類は思想を伝達し、継続して成長してきたことがわかるのである。

## 魂とは伝承・伝達の集積である

人類の歴史の中で、動力飛行で最初に成功したのは、アメリカのライト兄弟だ。今から110年ほど前に、約260メートルの飛行だったようだ。

現代人から見ると短い距離だが、空気より重い飛行機が有人動力飛行するなど考えられなかった時代の話だ。まだ誰も実現したことのない時代に、空を飛ぶ夢を実現したことはすごいことである。

ライト兄弟は、ドイツのリリエンタール兄弟がハンググライダーのようなもので行った実験に関する新聞記事を見て、飛行機開発を志したと言われている。

ライト兄弟が初めて空を飛んでから１００年ちょっと経った現代では、人間が飛行機に乗ることは当たり前になっている。地球の裏側まで飛行機で行ったり、さらには宇宙までも行けるようになった。

空港が一般の乗降客で混雑している現代の様子を見たら、リリエンタール兄弟もライト兄弟もびっくりすることであろう。ライト兄弟やエジソンがつくった一歩は偉大であるが、我々はそれよりずっと遠くまで来ている。

つまり、現代の我々の生活は、１００年前の人々が想像した１００年後よりもずっと大きな変革を遂げているのではないだろうか。動力飛行どころか、宇宙にまで行けるようになったのである。伝達のバトンを渡す人間より、受け取る人間のほうが、知識も能力も多いという結果である。

遠い昔、人々は「月にはウサギがいる」と言って月を眺めていた。『今昔物語集』にも「月の兎」の話が収められている。『竹取物語』のかぐや姫は8月の満月の夜に月に帰っていった。

しかし、1969年のアポロ11号の月面着陸で、月はおとぎ話の世界ではなくなった。今や宇宙旅行の商業化もスタートし、宇宙ホテルの計画も進んでいるという。そのうち、地球と月を宇宙エレベーターでつなぎ、自由に行き来する日が来るとも言われている。

人類がこのように発展できたのは、先人からの記憶の伝承・伝達があったからだ。

我々一人一人の一生は、全人類の歴史から見たらほんの一瞬だが、先祖から命を引き継ぎ、伝承・伝達によって記憶を引き継ぎ、一瞬一瞬を積み重ねて、人類は長きにわたって生きてきた。

北京原人の頃の人類は火をおこすことを覚えたが、その記憶は伝承・伝達されることによって後世に引き継がれてきたのだ。

北京原人と我々の間にはたくさんの時代があった。戦国時代もあれば、飢饉や天災、大きな戦争もあった。驚くような技術革新で生活が一変して豊かになったり、世界が深刻な金融危機に陥ったこともある。そこで生き抜いてきた先祖たちがいた。彼らが生き抜くための知恵や、生活をよりよくする技術を生み出し、次の世代へと伝承・伝達して引き継いできたからこそ今があるのだ。

あなたの脳は、あなたの細胞だけでできているわけではない。あなたの魂ははるか太古から、２０００年以上の人類の歴史の中で生きてきた、先祖たちから引き継ぎ続けてきた記憶と体験の集積なのである。

虫の目で見ると、自分の命は自分のものだということになるだろう。しかし、宇宙の目で自分の命を見ていただきたい。銀河系の中の、太陽系の中の、地球の中の、さらに日本という国に生まれた自分の命である。

自分の命は悠久たる時間と空間の中に存在する奇跡の一瞬である。あなたの命は伝承と伝達の中にあるのである。

「本当に大切なもの」を一瞬で察知する力は魂にあるとお話した。魂とは伝承・伝達の集積である。つまり、この力は自分だけの力ではなく、先祖の叡智とも言える神秘的で壮大な力なのである。

伝承・伝達が生命としての意思決定を左右していく。これが、「天運の法則」の基準となる。そして、魂に刻み込まれた伝承・伝達に気づくことで、天運が巡り出すのである。

人類は、先人からの
伝承・伝達のバトンを
引き継いで
成長してきた。

# すべては脳の錯覚である

このように、魂には人類の壮大な記憶が刻み込まれているわけであるが、その記憶は果たして真実なのだろうか。

人間の脳は、スーパーコンピュータを何十台、何百台つなげるよりも優秀である一方で、非常に単純な特性も持っているのだ。

次ページを見てほしい。上の図の2本の矢印は、どちらが長いだろうか。多くの人が下の矢印と答えるだろう。しかし、実際にはどちらも同じ長さである。この図は、ドイツの心理学者、フランツ・カール・ミュラー・リヤーが発表した錯視図形だ。

下の図は、デンマークの心理学者、エドガー・ルビンが発表した「ルビンの壺（杯）」という有名な錯視図形である。グレーの部分に着目すると向かい合う2人の横顔が見えるが、黒い部分に着目すると壺（杯）が見える。

これらの錯視からわかる通り、人間の脳は非常にだまされやすいのである。

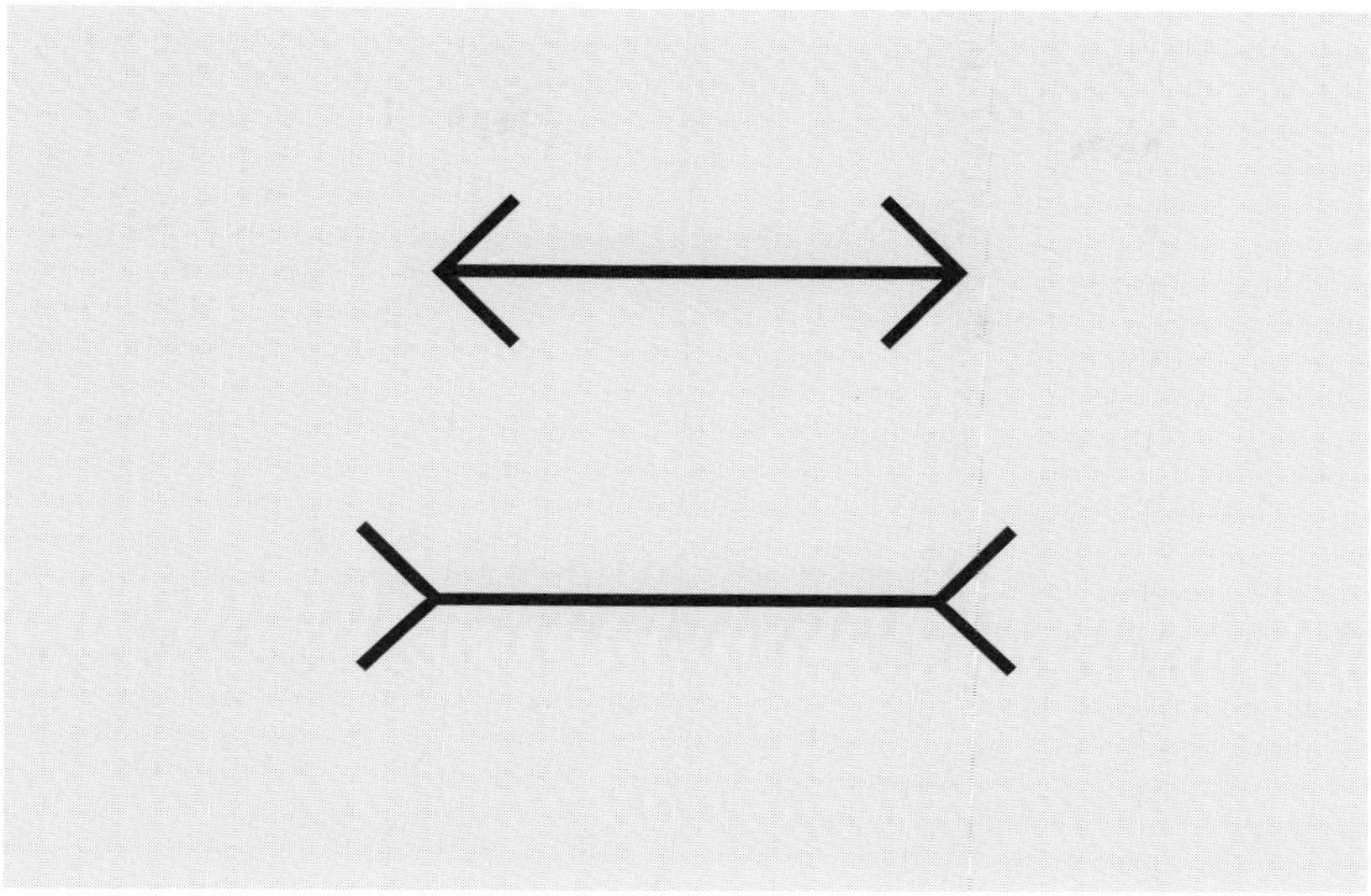

一方、日本の山で1番高いのは富士山である。これは日本人であれば、知らない人はいないだろう。

では、2番目に高い山となると知っている人はぐっと少なくなる。南アルプスにある北岳という山なのだそうだが、初めて聞いたという人も多いのではないだろうか。

私は登山好きの友人に教えてもらうまで、まったく知らなかった。

また、ヒマラヤ山脈のエベレストが、世界の最高峰であることは子どもでも知っている。しかし、パキスタンと中国の国境にある世界2位の高峰、K2は、登山が趣味の人以外、ほとんど耳にしたことさえないと思う。

スポーツの世界でトップを争うアスリートという意味では、オリンピックの金メダリストも銀メダリストも、世界ランキングの1位も2位も、どちらもすごいのだが、両者の差は2位と50位の差よりもはるかに大きいと言える。

おわかりの通り、世間が注目するのは、いつもナンバー1なのだ。ナンバー2のほうは、たった1番の違いなのに全然注目されない。とにかくみんな1番が大好きで、商売でも業界一とか、売上1位などと言うと、お客さんが集まってしまう。これも「ナンバー1はすごい」という錯覚が人間の脳に植えつけられているからである。

この脳の性質を理解した上で、売れている商品を見てみると、その〝仕掛け〟に気づくはずだ。

その昔、「黄色い財布」というものが流行した。黄色い財布を使うと運気が上がり、宝くじが当たったり、大きな商談が成立したり、よいことが起こると話題になった。

確かに、黄色の財布を使うことでお金が増えるようなことがあるかもしれない。大きな商談が成立するかもしれない。しかし、実際には4つのパターンが存在する。

次ページの表を見てほしい。

人間の脳は、4つのパターンの中で、「黄色の財布を使っていいことがあった」という1のパターンだけを見せられると、それがすべてであるという錯覚を起こす。

この手法は、黄色の財布だけでなく、ダイエットやエステ、化粧品など、さまざまな商品で、ビフォー&アフターという形式を用いて頻繁に使われている。

人間の脳には、何かに集中すると、それ以外が見えなくなるという習性がある。人間の脳がいかに錯覚しやすいか、おわかりいただけただろうか。

そして、人には「肯定的錯覚」をする人と、「否定的錯覚」をする人の2種類しかいない。脳の特性上、正反対の2つのことを同時に思考するのは不可能だからだ。できる・できな

### 実際に起きる4つのパターン

| | いいことがあった | いいことがない |
|---|---|---|
| 黄色い財布を使った | 1 黄色い財布を使っていいことがあった | 2 黄色い財布を使っていいことがない |
| 黄色い財布を使わない | 3 黄色い財布を使わずいいことがあった | 4 黄色い財布を使わずいいことがない |

人間の脳は、4つのパターンの中で1つだけを見せられると、
それがすべてであるという錯覚を起こす。

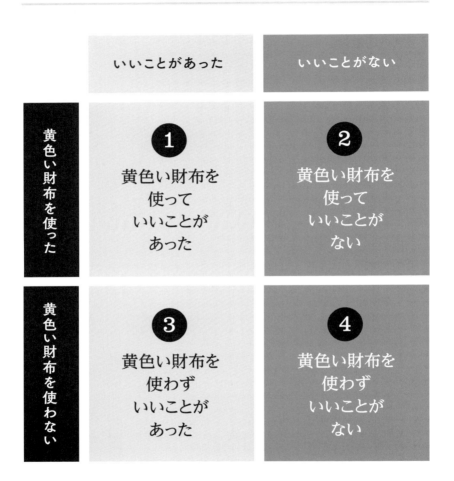

いも、幸せ・不幸せも、愛も恋もすべては錯覚であり、成功を錯覚した人が成功者になっているだけのことである。

このように考えていくと、好景気も不景気も脳の錯覚であることがおわかりいただけると思う。景気を悪化させるのも、長期化して閉塞状態に陥らせるのも、人々の不安感によるものである。

たとえば、円高が進み、株価が下がり、原油価格が上がると、メディアは「景気後退」と騒ぎ出す。それを見て、人々は「今は不景気かも……」と否定的に思いはじめるだろう。「不景気になりそうだ」という予感が脳に発生すると、自分の意思とは関係なく、まるであらかじめ組み込まれたプログラムを実行するかのように、自動的に否定的思考が動きはじめる。

つまり、「不景気になりそうだ」が否応なくマイナスのイメージを生み、記憶データとして脳に入力・蓄積され、その結果、「不景気になりそうだ」が「不景気だろう」になり、最後は「不景気になる」と脳で強化されてしまうのだ。

大恐慌時代の名言に、「人々の恐怖心こそが経済にとっての最大の恐怖である」というものがある。

マイナスイメージによって、人々は自己防衛状態に陥り、財布のひもを締め、会社も事業を縮小してしまう。みんなが逃避的・回避的な行動しか取れなくなるので、どんどんマイナス思考になって、無力感・閉塞感が生み出される。待ち受けているのは不景気という現実である。さらに言うと、その「現実」は我々の奥の脳にしまい込まれ、蓄積されていくのだ。

このように、錯覚とは本当に恐ろしい面を持っているのである。

## 物事には表もあれば裏もある

こういう現状の中で、私たちがすでに当たり前だとか普通だと思っている事象に関しても、知らず知らずのうちに洗脳されている場合がある。

まず、人は権威に弱いものである。そして、多くの人は、テレビや新聞、マスコミからの情報を「正しい」という前提で受け取っている。同じ内容をスポーツ紙や三流週刊誌が報じていたら疑うが、経済誌や全国紙が報じていたら信じるという経験をされたことはないだろうか。

人は、公的機関が発表したことや、医者など、それなりの人物が発言をしたというだけで、「信ぴょう性がある」「真実だ」と思い込んでしまう節がある。売れているものは「いいものだ」と思い、有名人は「よい人」「すごい人」と思う傾向がある。これも、錯覚によるものである。

特定の意識、思想、思考へ誘導をかけていく心理的な宣伝手法を「プロパガンダ」と言う。この手法を用いれば、ある一部の人間によって、我々は実に簡単に錯覚させられてしまうのである。

その理由はこうだ。人間は、「正しい」と思うと思考が停止する。プロパガンダもこれを利用していて、人々に「正しい」「それが常識だ」と思わせ、マインドコントロールをするのである。言い換えれば、人々はいつでも集団で思考停止の状態に陥る可能性があるということだ。

「勝てば官軍、負ければ賊軍」という言葉がある。物事は勝敗によって正邪善悪が決まることを言ったことわざである。明治維新のとき、官軍とは朝廷側の軍勢であり、賊軍とは朝廷に反逆する軍勢を指した。このように、何事も、強い者や最終的に勝った者が正義とされてきているのだ。

また、国家によって編纂された歴史を「正史《せいし》」と言う。奈良時代に完成した日本の歴史書『日本書記』は日本最古の正史である。ここには、神代から持統天皇に至る国家の成立史が記述されている。

この「正史」に対して、伝説や物語など、民間で言い伝えられているような史書のことを「稗史《はいし》」と言う。

物事には表があれば裏がある。陽があれば陰がある。昼があれば夜がある。笑いがあれば悲しみがある。歴史も同様である。正史が、勝者によって書かれた歴史であるとすれば、その後ろには必ず、敗北した者から見た悔しい歴史、勝者が決して公認しない稗史が存在するのである。

稗史には民族・地域の誇りが潜んでいたりするものだ。公に口にできないことは、動物に話させたり、設定を変えたりして、記述されていることもある。本当の歴史は、この正史と稗史を両面から検証することで、見えてくると言える。

先の大戦から70年以上が過ぎた。ここにも正史と稗史があるのではないだろうか。

『日本人を狂わせた洗脳工作　いまなお続く占領軍の心理作戦』（関野通夫著／自由社）と

いう本が手元にある。著者の関野通夫《せきのみちお》氏は昭和14年生まれで、東大工学部航空学科卒業後に本田技研工業に入社し、フランス、イラン勤務を経て、米国法人の社長を務めている。外交評論家の加瀬英明《かせひであき》氏が寄せた「序」には、次のように記されている。

アメリカによる占領下で、日本を罪深い国として仕立てる「ウオア・ギルト・インフォメーション・プログラム（WGIP）」が、どのようにして行われたのだろうか。

マッカーサー総司令部（GHQ）は昭和二十（一九四五）年九月に日本を占領すると、十月二日に「各層の日本人に、彼らの敗北と戦争《ウオア》に関する罪《ギルト》、現在と将来の日本の苦難と窮乏に対する軍国主義の責任、連合国の軍事占領の理由と目的を、周知徹底せしめること」（『一般命令第四号』）を命じ、日本民族から独立心を奪い、贖罪意識を植えつける政策が実施された。

――中略――

GHQは日本を軍事的に征服したうえで、日本民族から記憶を奪い、精神を破壊して、占領を終了した後も、未来永劫にわたってアメリカの属国としてつくりかえるために、日本に対して全面的に歴史戦を開始した。

――中略――

ＷＧＩＰは、日本をアメリカに隷属させる計画の柱だった。

――『日本人を狂わせた洗脳工作 いまなお続く占領軍の心理作戦』（関野通夫著／自由社）

この本は、関野氏がアメリカ在住中に、ＧＨＱの２万５０００点の文書から発掘調査した文書を中心にまとめた執念の冊子である。ここに紹介されているのは、ＧＨＱが日本統治のために行った心理戦略である。

１９４５年９月21日に通達された、新聞など報道機関を統制するために設けられた「プレスコード」、アメリカの占領政策３Ｒ、５Ｄ、３Ｓ政策などについて書かれている。

「もし、ＧＨＱ（連合国軍総司令部）が仕組んだ洗脳工作だとしたら……」

「もし、自虐史観を植えつけられてきたのだとしたら……」

このように思われた方は、ここに紹介したブックレットや、関連書籍などをご一読いただきたい。

脳は記憶されているデータが、正しくても間違っていても、すべて「正しい」という前提で判断してくる。その前提が変われば、今見えている世界も、思考も、感情も、行動も、すべてが変わるのである。

自分が正しいと思っていたことが、本当は錯覚であったり、逆に自分が間違っていると思っていたことが、真実であることがあるかもしれない。そのことがわかると、前提が変わる。見えている世界も、思考も、感情も、行動も、すべてが変わってくる。

これは非常に重要なことである。ぜひ覚えておいてほしい。

## 「真実の目」で世の中を見る

このように、歴史も、世の中も、富も、操る側と操られる側がいる。

私は、20代の頃、多くの明治生まれの方々にお目にかかる機会があった。中でも、「人生の師」と仰ぐ一人の人物がいた。師が私に語ってくれた言葉が、今でもはっきりと頭に残っている。

「よく覚えておけ！　世界を動かしているのは、ほんの数人の人間なんだ」

繰り返し述べてきたように、情報は意図して操作することが可能だ。限定された部分のみを見せて錯覚させたり、見せたくない部分を伏せておくこともできる。

こうした作為にだまされないように、一方思考にならずに「本当に自分は正しいのだろうか?」とあえて自己否定してみてほしい。まったく逆の定義を考えてみるのだ。

これはとても有効な手段である。世の中には、人を操ろうとして誤った情報を伝える人がいるから、逆からものを考えなくてはいけないということを、私は人生の師から教わったのだ。

我々はだまされない感性を磨き、だまされない分析を行い、だまされない技術を持つことが必要である。脳のクセを知って、人に自分の脳を乗っ取られないようにしないといけない。誰かに脳を操られてはいけない。操られた脳が出してくる答えは、「本当に大切なもの」ではないのだから。

我々の体は食べ物でできている。健康を意識する人は、多少値段が高くても、オーガニック食品など、体によいものを選んで食べている。そして、それが本当に表示通りのオーガニックであるか、産地などにウソの表示はないかなどの確認を怠らないだろう。

情報も同じである。脳への入力情報が真実なのか偽物なのか、判断を怠るべきではない。我々の意識も、潜在意識も、その奥にある魂も、脳への入出力される情報でできている。

私はこれまでに何千、何万という経営者に会ってきた。経営者であっても、平和な世の中に慣れ、危機感をなくしている方が非常に多いと感じている。

私は、企業の経営者、商人が日本を支えていると考えている。国を支える経営者であれば、誰よりも日本の精通者であるべきだ。日本という国の紀元、日本の歴史、日本国憲法がどのようにしてできたのか、メディア各社がどのような経緯で生まれたのか。少なくとも、日本の経営者であれば、それを勉強し、何が真実で何が錯覚であるかを見極める目を持っていただきたい。

経営者には取り巻く情報に惑わされることなく、「真実の目」で世の中を捉えてほしい。あなたの脳の奥底には魂がある。魂があなたの思考や行動の司令塔となっている。魂という誇りを、決して誰かに渡さないようにしてほしいのである。魂を誰かに乗っ取られたら、あなたも、あなたの会社も、天運も失うことを覚えておいてほしい。

少なくともあなたには、正しい目を持って、正しいこと、よいことを後世につないでいく役割を果たしていただきたい。このあとに続く「天運の法則」をしっかり理解してもらえれば、必ずそれができるはずである。

第3章

# 天運を感じる

先祖から引き継がれた教えが
誇りと自信につながる

先祖の歴史
日本の成り立ち
察する力

# 先祖は「本当に大切なこと」を教えてくれる

この章では、まず「天運の法則」を連動させる7要素の1つである「先祖の歴史」についてお話ししていく。

私は仕事柄、大成功している経営者の皆さんには共通した特徴があると感じているが、その一つに、「ご先祖様を大切にしている」ということがある。ご先祖様とは、現存者以前の家系の血縁者の人々である。

誰にでも2人の親がいる。2人の親にもそれぞれ2人の親がいて、4人の祖父母にもそれぞれ2人の親がいる。ここまでの3代先はたいていの人がご存じだろう。しかし、その先の自分の先祖を皆さんはご存じだろうか。

最近では、自分を中心にして3代前（自分、親、祖父母）しか知らない人がたくさんいる。昔はおじいさんやおばあさんと一緒に暮らす家族形態が一般的だったので、子どもや孫は家庭で大切なことを教わり、自分に家庭ができたら子どもに大切なことを伝えてきた。

こうして、家系の大切なことは伝承・伝達されてきたのだ。

実際に、私も祖母からさまざまなことを教えてもらった。私が子どもの頃は、「文郎、お前のおじいちゃんのその前にこういう人がいた」「この戒名はこういう意味があって、これはすごいことなんだ」などと、よく先祖の話を聞かされたものだ。

もしかしたら、先祖の中には悪い人物やお調子者もいたかもしれないが、私はすごい先祖の話ばかりを聞かされて育ったために、小さい頃には「ぼくはすごいんだ」と優越の錯覚ができ上がっていた。

ところが、核家族化が進み、昨今では先祖を知る機会が消えつつある。冠婚葬祭の習慣も薄れてきているから、親戚一同が集まる機会も減っているだろう。つまり、その家に代々伝わってきた教えや先祖の話を知る機会が減っているということだ。

自分が今この時代に生きているのは、両親、祖父母、その先の自分の先祖のおかげである。計算すると、20代前から数えて104万8576人の先祖がいたことになる。30代前から数えれば、先祖の総計は10億7374万1824人にものぼるのだ。日本の人口が1億2696万人（2016年6月現在）だから、あなたの先祖の合計は今の日本の全人口の8倍以上ということになる。

先祖の数

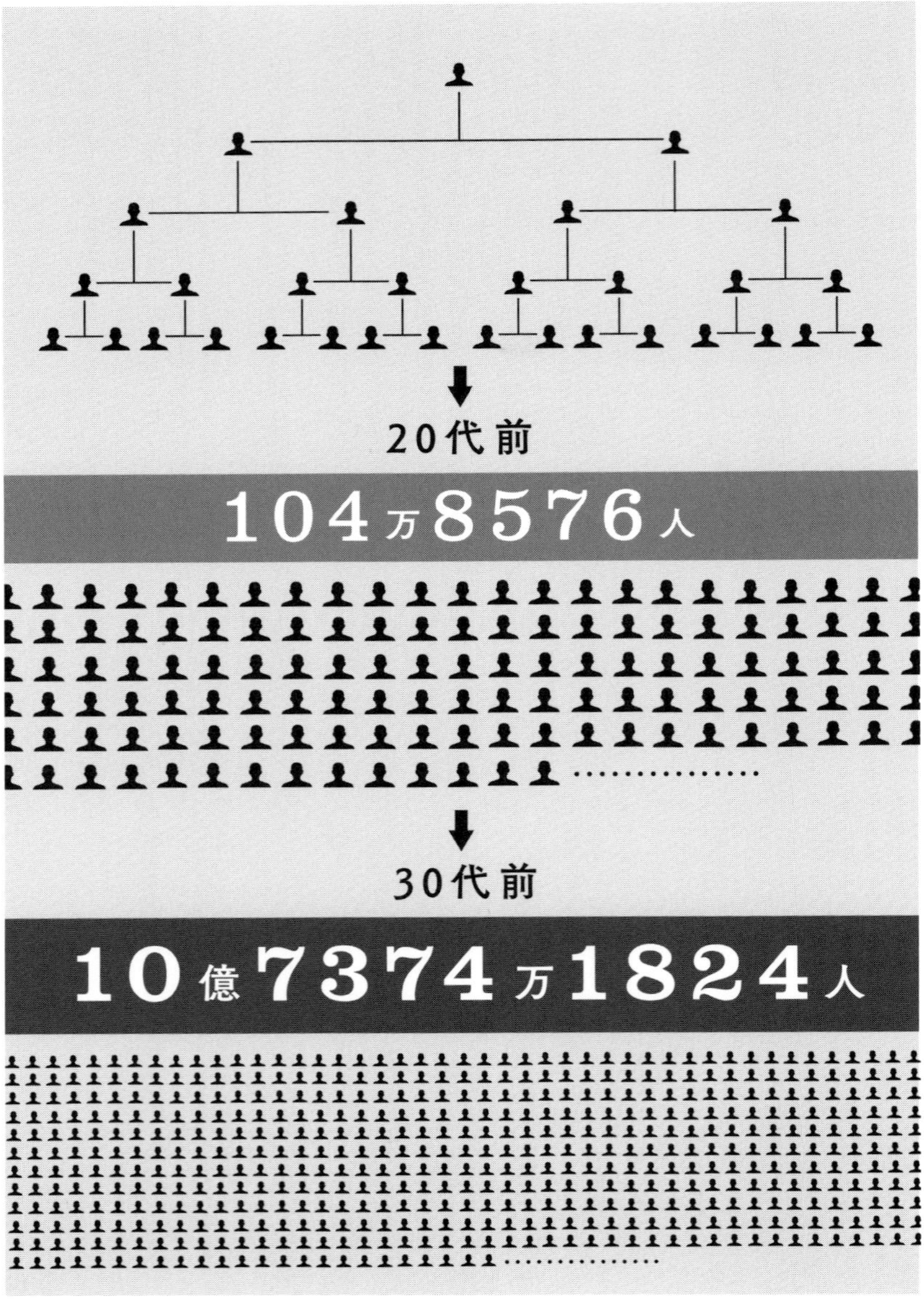

これだけ大勢いる先祖のうち、一人でも命を引き継いでくれる人がいなかったら、一組でも男女の組み合わせが違っていたら、あなたは生まれてきていない。10億人を超える大勢の先祖が、それぞれの命を生きてくれたから、あなたが今ここに生きているのである。これは奇跡のような事実なのだ。

そう思うと、今、自分がここに生きていることに感謝せずにはいられない。我々の命は多くのご先祖様に守られて、今ここにある。「ありがたい、ありがたい」と拝みたくなるのが普通である。

自分の先祖に感謝できない人間は、自己中心的になる。そのような人間が、他人を大切にできるはずがないのである。

さらに申し上げると、自分の先祖の中には、必ずすごい人が含まれているものだ。それを知ると、その人の血が流れている自分が誇らしく思える。つまり、自分に優越の錯覚と誇りが生まれるのである。自分も何だかすごいことができそうな気がしてくる。

さらに、先祖に恥ずかしいことはできないという思いも芽生える。先祖に誇りを持つことは、自分の誇りにつながるのだ。そして今度は自分の子や孫に、「おまえのおじいちゃんのその前にこういうすごい人がいた」などと話すことだろう。こうして、誇りは自分の子孫へと伝承されていくのである。

伝承がしっかりなされていると、人の道をはずれるような出来心が芽生えても、先祖の「否！」という声がどこからか聞こえてくるだろう。だから、先祖を知ることはとても大切で、先祖は「本当に大切なこと」を教えてくれる存在なのだ。

先祖への感謝と誇りを奥の脳に植えつけることによって、真の喜びは何か、命が喜ぶとはどういうことかを考えるようになり、それが記憶のネットワークとなって、くじけない心へとつながっていくのである。

このように、自分の意識下にある先祖の思いに触れて、敬い、感謝することで、「天運の法則」は巡り出すのである。

## よい心は自分の脳が生み出した心ではない

では次に、脳の機能から、先祖について考えていこう。

人間には、「よい心」と「悪い心」という2つの心がある。さらに「優しさ」と「冷たさ」、

「相手を思いやる心」と「自分勝手な心」など、2つの相対する心を必ず持っている。「どちらか一方しかない」という人はおそらくいないだろう。人間はプラスとマイナスの一対でバランスを保っているからだ。

「悪い心」は、自分を喜ばせることしか考えられない状態である。悪意、ずるさ、冷たさ、せこさ、卑怯さなどの自分中心思考の損得勘定から出てくる思考は、「理屈の脳」（大脳新皮質）、つまり自分自身から生まれてくる。「儲かる・儲からない」「やったら得・やったら損」などという二者択一の法則で生まれる大脳新皮質の仕業だ。

一方で、たとえどんなに悪人でも、よい心があったりするものである。悪人なのに、「人様に後ろ指を差されてはいけない」などと考えるのだ。このようなよい心はいったいどこから生まれてくるのだろうか。

私はこう考えている。よい心は自分の脳が生み出した心ではない。あなたの正義感、使命感、感謝心、優しさは、あなたの脳が生み出したのではなく、「魂＝本能の脳」から生まれた心なのである。

それらは先祖からの伝承・伝達であり、私たちの本能の脳に植えつけられているのだ。言い換えると、「悪い心は自分がつくり、よい心は先祖がつくる」のである。

伝承・伝達があれば、子どもが親や祖父母を殺《あや》めてしまうような事件が起きることはないだろう。

昨今、このような事件が起きるのは、親も子も伝承・伝達を知らない、知ろうとしない、そして伝えていないことに原因があるのだと私は考えている。

## あなたは先祖をどこまで知っているか

ここまで「自分の先祖に誇りを持つ」という「天運の法則」についてお話してきた。ところで、今あなたは、自分の先祖のことをどこまで知っているだろうか。

これだけは言っておこう。先祖について、5代前、6代前、7代前にどういう人がいたかを知らずに、先祖を大切にしているとは言えないのだ。だからあなたも、ぜひ調べてみてほしい。

戸籍謄本は江戸から明治になってできたものである。税金は江戸時代中期から為政者が徴収するようになったのが始まりで、それをもとにした記録（宗門人別改帳）が各地のお寺に残っているようだ。戸籍謄本は、このデータをベースにしてできている。北海道に開拓で入った人の場合は調べられないこともあるが、それ以外は特例を除けば、調べられるようになっているはずである。

先祖を調べる行動は「天運」を高める訓練である。ぜひ、実行していただきたい。

## 実践 自分の先祖

ここで、ぜひ自分の先祖を調べてもらいたいので、その方法を説明しておく。

戸籍を請求できるのは、「その戸籍に記載されている者、またはその配偶者、直系尊属もしくは直系卑属」とされている。

先祖を調べるためには、まず自分の現戸籍謄本を取得し、本籍地や戸主、両親について特定することが必要となる。そして、自分が直系であることが証明できれば、過去に遡って先祖を調べていくことができる。

戸籍交付のための基本的な流れを以下に紹介しよう。自治体によって対応が違う場合があるので、事前に役所へ問い合わせていただくことをおすすめする。

## ①戸籍証明書交付申請書を提出する

申請書のフォーマットは窓口に用意されているほか、ホームページからダウンロードして入手することもできる。必要事項を自筆した書類でもよい。

## ②本人確認書類を提示する

運転免許証やパスポートなどの身分証明書を提示する。郵送での申請の場合は、コピーを同封する。

## ③自分が請求する戸籍の人物と直系であることを証明する

請求する戸籍に自分の名前がある場合や、先祖代々同じ役所に戸籍がある場合は不要だが、途中で本籍地が変わるなどした場合は、自分と先祖が直系で結ばれていることを証明する必要がある。取得しようとしている先祖までの戸籍謄本のコピーを提出することで、先祖と自分の関係を証明することができる。

## ④戸籍交付の手数料を納付する

1通の戸籍取得にかかる手数料は、現戸籍450円、古い戸籍750円となっている（2016年6月現在）。窓口で手続きする場合は現金、郵送で申請する場合は定額小為替証書を使用する。

以上のように、役所の指示に従って手続きをすれば、おおむね2週間前後で戸籍を入手できる。

ここで注意しなければならないのは、改正原戸籍である。改正原戸籍とは、大きな改正で戸籍の書き換えが行われる前の戸籍のことである。平成6年に紙戸籍をコンピュータデータにした際と、戦後の憲法改正に伴う昭和32年の改正原戸籍は取得漏れが起きやすいので、役所に確認していただきたい。

概ね、明治19年以降に作成された戸籍までは、調べればわかるようになっている。また、お寺に行くと記録が残っている場合が多いので、戒名をたどっていくと、先祖の身分や性格までわかることもあるだろう。

ぜひ自分で調べてみて、わかった人たちの名前は、次ページの図に書き込んで保存しておくことをおすすめしておきたい。

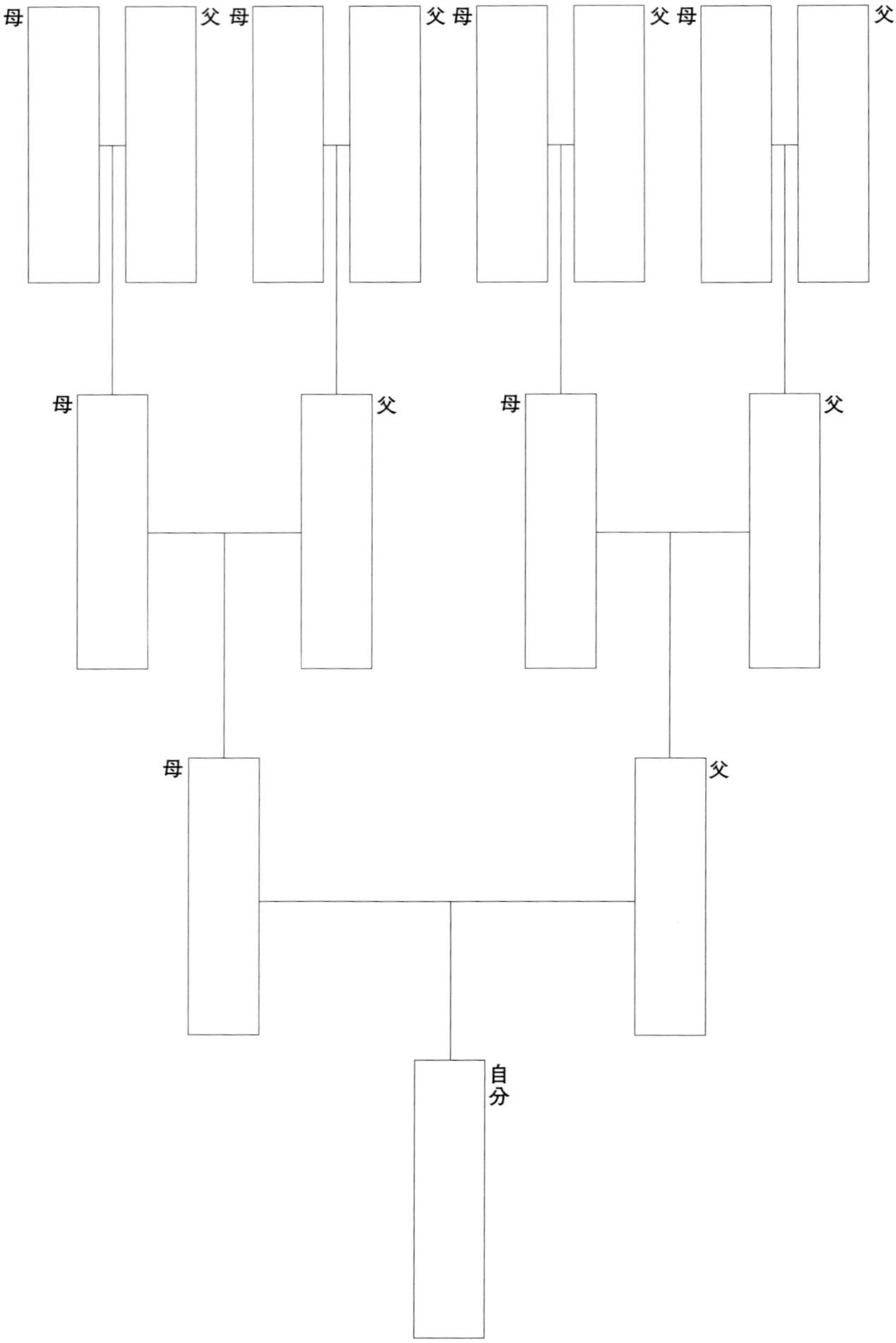
母
父
母
父
母
父
母
父
母
父
母
父
母
父
自分

## 日本の成り立ちを知ると「天運」を感じる

さてここからは、「先祖の歴史」とともに、「天運の法則」を連動させる7要素の1つである「日本の成り立ち」についてお話していこう。

我々の先祖は、20代さかのぼると104万8576人、30代さかのぼると10億7374万1824人にのぼるというお話をした。

30代前までの先祖を調べられる人はなかなかいないだろうが、125代にわたって日本で最も長く続く家系がある。それが天皇家である。今上天皇で125代目になるのだが、神武天皇に始まり、今上天皇まで2726年にもわたって途絶えることなく家系が続いているのだ。

つまり、日本にはそれだけの長い歴史があるということなのだ。世界的に見ても非常に古い歴史がある国と言える。我々はその歴史を、書物や口伝による〝伝承〟という文化で現代までつないできた。

日本の歴史書編纂の始まりは、7世紀前半にまとめられた『帝紀』『旧辞』だと言われている。

また、それ以前に聖徳太子と蘇我馬子が編纂したとされる『国記《こっき》』という書物があったという説もある。

その後、奈良時代になると国の歴史をまとめようという動きが起こり、『古事記』と『日本書紀』が成立した。

712年に成立した『古事記』は日本で一番古い歴史の本で、日本の成り立ちを天地創造から始まる神話で伝えている。国生みと神生みから始まり、さまざまな神話や伝説、国土統一と発展が倭《わ》文体で日本語の表現を使って書かれている。

この『古事記』は、高天原《たかまがはら》という神の世界から始まる。伊邪那岐命《いざなぎのみこと》と伊邪那美命《いざなみのみこと》の国生みと神生みの話、天照大神と天岩戸《あまのいわと》が開く話、須佐之男命《すさのおのみこと》の八岐大蛇《やまたのおろち》退治の話、大国主神《おおくにぬしのかみ》の因幡《いなば》の白兎《しろうさぎ》の話、海幸彦《うみさちひこ》と山幸彦《やまさちひこ》の話など、日本の宗教文化と精神文化に大きな影響を与えている。

一方、720年に完成した『日本書紀』は、朝廷の事業としてつくられた正史である。上つ巻（序・神話）、中つ巻（初代から15代天皇まで）、下つ巻（16代から33代天皇まで）

の3巻で構成されており、天地がひらけて国ができる神話から、天皇家の系譜と歴史を漢文体を用いて編年体で記した30巻にも及ぶ膨大な文献である。

このあと、『続日本紀《しょくにほんぎ》』『日本後紀《にほんこうき》』『続日本後紀《しょくにほんこうき》』『日本文徳天皇実録《にほんもんとくてんのうじつろく》』『日本三代実録《にほんさんだいじつろく》』ができ、「六国史《りっこくし》」となる。

『古事記』や『日本書紀』によると、初代とされる神武天皇が即位したのが、紀元前660年の1月1日である。その日を現在の暦（太陽暦）に換算した2月11日が「建国記念の日」というわけだ。

神は7世代をかけて天地を創造し、7代目のイザナギ（伊耶那岐）とイザナミ（伊耶那美）によって日本列島が創造されたとされている。そして、8代目となる3人の子（天照大神、月読尊《つくよみのみこと》、素戔嗚尊《すさのおのみこと》）に世界は託される。

その頃、地上では、八岐大蛇が人々を苦しめていたが、素戔嗚尊が八岐大蛇を退治し、平和が訪れる。八岐大蛇の尾から採った剣は、孫の瓊瓊杵尊に託された。本書の初めでお話した「三種の神器」の剣、勾玉、鏡の3つも登場している。

日本は神話の国である。天、大地、海、山、川、火など、自然現象のすべてに神が宿っていると、みんな畏敬の念を持っていた。本来、日本人は感謝する国民なのである。

日本人の中には、「日本は欧米には勝てない」という錯覚を起こしている人もいる。戦後70数年でつくられた価値観で日本を見て、欧米に比べて足りないものだらけだと感じる人もいる。もし、そのような人がいるとすれば、2700年以上も続く日本という国の本当の素晴らしさを知らなすぎると思うのだが、いかがだろうか。

なぜ、そのようなことが起こるかと言うと、つい「ないもの」に目を向けているためだ。人間は、何にアンテナが立っているかによって、見えるものが見えなくなったり、逆に見えないものが見えてきたりする。

「あるもの」に目を向けると、真実が見えてくるのである。

ぜひ皆さんにも、日本の成り立ちに関して目を向けてほしいと思う。日本の成り立ちを知ると天運を感じることができる

地球のどこを見ても、日本のように伝承・伝達を続けている国は稀有である。この国に生まれたことを感謝し、誇りを持つことが「天運」につながるのである。

## 長寿企業には理念という魂がある

では次に、日本の企業に目を向けていこう。

かつては日本式経営をしてきた企業も、この半世紀で急速にアメリカナイズしてきた。しかし、ここ数年で多くの企業の経営が変化してきているようだ。いや、変化してきていると言うよりも、かつての日本式経営に戻ってきていると言ったほうが近いかもしれない。

ご存じの方も多いと思うが、海外には１００年以上続く会社はほとんどない。一方で、日本には何百年という歴史を持つ老舗企業がいくつもある。

たとえば、「竹中工務店」という会社がある。この会社は、もう４００年以上も続いている。昔から神社仏閣の建築や補修に携わる宮大工として栄え、織田信長の元家臣であった初代・竹中藤《たけなかとう》兵衛《べえ》正高《まさたか》が１６１０年（慶長15年）に名古屋で創業したのが始まりだ。

この他にも、羊羹で有名な「虎屋」は、１５０１年（文亀元年）、室町時代の後期に京都で創業し、御所御用を勤めてきた。

また、お茶と海苔の会社として「上から読んでも山本山。下から読んでも山本山」のテレビＣＭでも有名な「山本山」は、１６９０年（元禄3年）の創業である。

さらに、河童のＣＭでおなじみの日本酒メーカー「月桂冠」は、１６３７年（寛永14年）の創業である。

いずれも、１００年どころではなく、２００年、３００年と長い歴史を積み重ねている。世界には１００年以上の歴史を持つ企業が３０００社あるそうだが、じつに、その8割を日本の企業が占めていると言うのだ。

脳は、自分になくて他人にあるものを「すごい」と錯覚してしまうようにできている。そのため、自社が創業から10年から20年くらいであれば、50年、60年、70年も続いている企業を「すごい」と感じる。そこには、各企業ごとのたゆまぬ努力があるに違いないのだが、日本にはもっと長く続く企業がたくさんあるということなのだ。

では、歴史ある企業とその他の企業との圧倒的な違いは何だかわかるだろうか。それは、伝承・伝達するものがあるか、ないかの違いである。

日本の企業には、創業からの思いや教え、考え方などが脈々と受け継がれている。先人が培った技術や考え方を大切にし、次の世代へとバトンを渡してきたのだ。

宮大工などの職人の仕事は、師弟関係の中で伝承・伝達が行われてきた。技術だけでなく、文字通り同じ釜の飯を食べ、同じ家に寝泊まりして、互いに上を目指し、技術以上に大切なことを伝承してきた。チームであると同時に、家族でもあったのである。

西田塾の卒業生にも、何百年と続く老舗の経営者がいる。

たとえば、京都で「田中直染料店《たなかなお》」という染物屋を経営している田中直輔《なおすけ》氏である。昔は、京都の染物の良品は、すべて田中直染料店のものであると言われたほどの会社で、1733年（享保18年）の創業以来280年の歴史を持っている。田中直輔氏は初代から数えて9代目だそうだ。

仙台の「仙台伊澤家 勝山酒造」は、宮城県で唯一現存する伊達家御用蔵である。元禄年間に伊達正宗公を藩祖とする伊達家62万石の城下町仙台で創業して以来、320年以上の歴史を持つ仙台を代表する銘酒醸造元である。現在も伊達家御用蔵として、技術的模範と暖簾を守り続けている。創業300年以上となるこの「仙台伊澤家 勝山酒造」のほか、「社の森の迎賓館」「仙台勝山館」「勝山学園」などを運営する勝山企業グループの伊澤《いざわ》泰《たい》平《へい》社長もまた、西田塾の卒業生である。

このような伝統がある企業や会社、組織には、誇りがある。先人たちに恥ずかしいことはできないのだ。

さらに、伝統ある会社には、理念というものがある。たとえ利益につながらないようなことでもやるのだ。利益につながらないはずなのに、なぜか繁栄する。理念は企業にとっての魂である。魂が自社にとっての「本当に大切なもの」を選択しているのだ。

刹那的に物事を考え、「そこそこ大切なもの」を選択して利益優先した企業が長く続いたためしはない。根のないところに咲いた花は必ず枯れていく。種を蒔かずに世話もせず、刈り取りばかりしていれば、やがて土地は荒れ放題になる。それが世の中の真理なのだ。

## 「察する力」のある人が天運を引き寄せる

さらに老舗企業の話を続けよう。

さて、天運を引き寄せるためには、「察する力」というのも最も大切な力の一つである。

経営者の多くは、ビジネスモデルなどに思考の多くを集中させている場合が多い。つまり、大脳新皮質ばかりを酷使して、「察する」という「感じる能力」をあまり使わない人が多いようなのである。

「察する力」を「思いやり」と言うとわかりやすいかもしれない。これは、相手の立場に立って考えることができるというような優しい力である。しかし、「察する力」は、そのような優しい思いやりだけではない。

「察する力」のある人は、表側の見えるところだけでなく、見えないところも感じることができるのだ。言葉にしなくても、大切なことや、必要なことを感じることができる。一流の世界では、このような力が求められるのだ。だから、「察する力」がない人は、よい仕事をするメンバーにはなれないことになる。

この「察する力」は、伝承と伝達から身につくものである。

ここで1000年以上続く老舗企業を紹介しよう。飛鳥時代の第30代敏達天皇6年（西暦578年）創業の社寺建築会社「金剛組」である。金剛組の歴史を見ると、こう書かれている（金剛組のウェブサイトを参考にさせてもらった）。

「聖徳太子の命を受けて、海のかなた百済の国から三人の工匠が日本に招かれ、このうちのひとりが、金剛組初代の金剛重光《こんごうしげみつ》です」

工匠たちは日本最初の官寺である四天王寺の建立に携わったと言う。それから1400

年あまり、職人たちの卓越した技巧とこだわりを脈々と受け継いでいるのだ。何百年、時には1000年以上の寿命を持つ木造建築の技の職人魂という「目に見えない力」が受け継がれている。この「目に見えない力」こそが「察する力」の大もとなのだ。

私が住んでいる静岡はお茶どころとして有名であるが、その静岡に創業1781年（天明元年）の「竹茗堂《ちくめいどう》」という茶商がある。徳川11代家斉の時代に駿府の城下町に誕生したそうだ。

私は竹茗堂さんのお茶を飲むと、江戸時代にお茶どころ静岡のお茶を飲んで「おいしい」と思った旅人たちが、地元にその技術を持ち帰ったり、応用して別のものを生み出したりしていく姿が頭に浮かび、その235年の歴史にしみじみと思いを馳せるのである。

経営者の仕事とは、世の中に新しい価値を提供することである。歴史と伝統を受け継ぎ、目には見えない先達の力を察することができれば、必ずや新しいものが生み出されていく。まさに、「察する力」があるところに天運が巡り出すのである。

## 家訓はよい心の伝承・伝達である

ここまで長い歴史と伝統のある企業を例に、非常に重要なことを述べてきた。では、皆さんの会社では、自社の創業からの歴史や思いを、社員に伝承・伝達しているだろうか。会社の魂を社員全員で共有できているだろうか。

ぜひとも、こうした積み重ねが組織の強さへと変わっていくということをご理解いただきたい。

平安時代から続くという三井家には「宗竺遺書《そうちくいしょ》」という家憲が伝えられている。50項目にも及ぶその内容は、一族の一致団結や終生まじめに働くこと、商売の心得など多岐にわたる。「宗竺遺書」は200年にわたって守り継がれ、三井家の精神とされたという。

日本が世界に誇るトヨタ自動車は、創業者や代々の社長たちを敬っていることで有名だ。トヨタ自動車及びトヨタグループの創業者は豊田喜一郎だが、彼は、豊田自動織機をはじめ、生涯でいくつもの発明を行った父、豊田佐吉の精神と事業を受け継ぎ、トヨタの礎をつくった。トヨタグループでは、豊田佐吉の考えをまとめた「豊田綱領」を経営の核とし、基本理念の基礎としている。これは、創業以来、今日も貫き続けているという。

企業というものは、自社の創業以来の歴史と精神を社員に浸透させることで誇りを生み、その自社への誇りこそが、すなわち企業の強さに直結するのだ。

企業だけでなく、家でも先祖代々伝えられてきた家訓や家風、教えといったものがある。三菱財閥の創業者である岩崎弥太郎の母・美和は、7項目からなる岩崎家の家訓を残している。それによって、天の道に背かない、他人の中傷で心を動かさない、常に忍耐の心を失わないといった戒めを弥太郎やその子孫に残したのだ。美和の手記は、岩崎家の子孫が読むべきものとして、現在も大切に保管されているという。

さて、皆さんの家には、家訓があるだろうか。もし、家に家訓がないという場合は、新しくつくればいい。先祖を調べていくと、いろいろなことが頭に浮かんでくるだろう。自分を中心にして、新しい子どもや孫たちに、人として大切にすべきことを家訓として残していくのだ。これこそ、子孫が「よい心」をつくるための伝承・伝達であり、天運に則った生き方と言える。

# 第4章

# 天運を磨く

心の奥底にある思いによって
すべての結果は決まる

性根の法則
武士道
善と正義
真の親孝行
六方拝
恩感力
10人の法則

# 本能の脳に植えつけられる「性根の法則」

先祖の話、企業理念の話の後は、経営者個人の話をしよう。

私は仕事柄、いろいろな会社に伺っている。どの会社に伺っても、社員さんを見れば、経営者の「性根」が透けて見えてしまうものである。

企業というのは、経営トップの性根があらわれるものだ。そして、多くの皆さんと出会って思うのは、人の性根がいかに大切かということである。

性根の悪い経営者が経営する会社は、たとえ一時期、業績がよくなっても、社内の雰囲気が悪いものだ。社員は会社に誇りを持たず、経営者を尊敬もせず、絆も生まれない。社員も持てる力を存分には発揮しない。だから、それ以上の成功はない。

人の性根は実に恐ろしい。

なぜなら、窮地に追い込まれると、性根の悪い人間から普段は出ない本音が出るからである。ピンチになったとき、責任を追及されたとき、その人間の本質とでも言うべき性根が表にあらわれるのである。

「まさか、あの人が！」というようなことが、皆さんのまわりでもないだろうか。普段は調子がよく、ニコニコと人がよさそうにしていても、性根の悪い人間は自分の都合が悪くなると、平気で人を裏切るものである。

逆に、性根のよい人間は、どんなに追い込まれても、苦しいことがあっても、ずるいことは考えず、努力するものだ。

普段から人が嫌がるような苦しい仕事を積極的に行っている人は、いざというときに、抵抗力を発揮する。

これが、「根性」である。

根性がある人は性根がよい人である。性根がよい人は、根性のある人なのである。それが、次に示す「性根の法則」である。

**性根の法則**

**性根の悪い人間は、悪い性格になる**
**性根の悪い人間は、本当の幸せにはなれない**

性根の悪い人間は、人のためを考えられない
性根の悪い人間は、必ず離れていく
性根の悪い人間は、素直になれない
性根の悪い人間は、努力に疲れる

こうして見ていくと、人間は2つのタイプに分けられる。それは、「忍耐・根性・努力」タイプの人間と、「ボチボチ・まあまあ・ソコソコ」タイプの人間である。「忍耐・根性・努力」タイプの人間とは、もちろん性根のよい人間である。

性根とは、言ってみれば人間の根っこである。だから、性根は一朝一夕で変わるものではない。この性根も、私たちの本能の脳に植えつけられているものの一つだ。

動機には「打算的な動機」と「純粋な動機」の2種類があるとお話した。「打算的な動機」はいずれ必ず崩壊する。「純粋な動機」はいずれ必ず繁栄する。性根の悪い者の動機は打算的である。だからこそ、性根を正し、動機を純粋にする必要があるのだ。

## 「武士道」が命より大切にした「善と正義」

戦後70年が過ぎ、日本人は大切なものをなくしたと言われる。その中の一つとして、最近は特に「恥」という意識が薄れてきているように思う。

「恥」とは、恥ずべきことを知ることである。名誉を汚されることである。名誉とは、人間としての尊厳であり、誇りである。

最近は本当に、政治家や国会議員の金銭にまつわる不祥事や、企業の偽装事件などで、欲にまみれた見苦しい人間たちが登場するニュースが多すぎる。

私は、誇り高い日本人魂をつくってきた一つの思想に「武士道」があると考えている。この武士道も伝承と伝達によって、現代を生きる我々にバトンが渡されるはずであった。ところが戦後、気がつかないうちに武士道というバトンは失われてしまった。それどころか、先代から受け継いできたバトンがひどく醜いものに見えるような錯覚を起こしてしまったのではないだろうか。

新渡戸稲造（写真：毎日新聞社）

旧5千円札の肖像画で知られる新渡戸《にとべ》稲造《いなぞう》は、『BUSHIDO THE SOUL of JAPAN』と題された本を英語で書き、1900年（明治33年）に、アメリカ・フィラディルフィアの書店から出版した。それが、『武士道』である。

これが大反響を巻き起こした。その後、ドイツ語、ロシア語、ポーランド語、ノルウェー語、フランス語、中国語、イタリア語などに30カ国以上で翻訳出版され、世界的なベストセラーとなった。

当時の日本は、文明開化のまっただ中であった。日清戦争に勝利したことによって、日本に西洋から思想や文化、風俗が入ってきて、急速に変わったときであった。「西洋のものは何でもいい」という風潮さえあったという。

明治政府は富国強兵や殖産興業を推進し、西洋建築、洋装、散髪、洋食などを推奨した。横浜や日本橋付近ではガス灯が設置され、夜の街を明るく彩った。新橋～横浜間で初めて鉄道が開業したときには、人々は異様な興奮に包まれたという。

このような時代に、日本人の精神とは何かを考察し、外国人に向けて体系的に紹介したのが『武士道』である。

新渡戸は、「宗教教育のない日本では、どうやって道徳を教えているのか?」という外国人法学者からの質問を受け、自分の道徳心がどこから来るのかを考えた。

そして見出したのが武士道だったと『BUSHIDO THE SOUL of JAPAN』の序文で述べている。

新渡戸は、武士の礎になったものとして、次の7つの徳を挙げている。

「義」……正義に基づく決断の力
「勇」……死すべきときに死する胆力
「仁」……王者の持つ徳分
「礼」……他者の感情を思いやる心

「誠」………命をかけて守る真摯さ
「名誉」……自分の役割を果たすこと
「忠義」……主君のために持った道徳観念

刊行後、大きな反響を呼んだ『BUSHIDO THE SOUL of JAPAN』は、先述したように、世界中で翻訳され、現在でも多くの人々に読まれている。

特に、アメリカ大統領セオドア・ルーズベルトをはじめ、世界の知識人から評価されたと言われている。もちろん日本でも１９０８年に和訳されて以来、長年にわたって読み継がれている。

「武士道」に関しては、もう一人欠かせない人物がいる。

それが山岡鉄舟《やまおかてっしゅう》（鉄太郎）である。彼は幕末から明治の幕臣、思想家であり、剣、禅、書の達人として知られている。

実は、この鉄舟も『武士道』という本を上梓している。鉄舟は亡くなる前に武士道を講じ、この武士道講和が『武士道』の題名で刊行されたそうだ。その本の中に、このような文章がある。

神道にあらず儒道にあらず仏道にあらず、神儒仏三道融和の道念にして、中古以降専ら武門に於て其著しきを見る。鉄太郎これを名付けて武士道と云ふ

——『山岡鉄舟 剣禅話』（山岡鉄舟著 高野澄訳／徳間書店）

山岡鉄舟（写真：毎日新聞社）

この意味は、「日本の神道と中国の儒教、そしてインドの仏教の3つが混ざって融和して、中世より存在し、もっぱら武家において見られる思想を、鉄舟は『武士道』と名づけた、もしくは注目した」ということだ。

山岡鉄舟は、幕末から明治時代に活躍した幕末の三舟の一人で、一刀正伝無刀流《いっとうしょうでんむとうりゅう》という剣術の開祖

としても知られている。

武士道は日本にしかない思想である。士農工商という身分制度のあった日本では、庶民は武士になることができず、寺子屋で学びを得ていた。

それに対し、武士道はいわばエリート教育とも言えるものだった。道徳を用いた倫理観であり、「仁義を尽くす」「忠義を尽くす」などといったことが武士に求められるようになってできた道でもある。

人間の二面性について前にお話したが、人間には、「優しい心」があれば「冷たい心」があり、「よい心」があれば「悪い心」がある。だから、武士たちは一定の行動の中に、武士としてのあるべき姿、道徳を追求してきたのである。

武士は「いかに生きるか」と同時に、「いかに死ぬか」という考え方を持っていた。武士にとっては、正しい生き方があると同時に、正しい死に方があるのである。これは決して命を粗末にするということではない。命を粗末にすることに関しては、「犬死」として恥としていた。

確かに天寿を全うして死ぬことは、人間の最期として最良かもしれない。しかし、武士は、誇りを捨てて不正義の中に生きることを選んではならなかったのだ。いつでも死ぬる勇気を持つということは、武士にとっては「正義の中で生きる」ことを意味していたのである。

武士道が教える「命よりも大切なもの」、それが「善と正義」である。自分の命をどう使うかということである。命がけで己が信じる「正しいこと」を成し遂げようとするのである。

さて、昔の武家では、息子が罪を犯すなど、義に背く恥ずかしい行いをすると、母親はお上や先祖に相すまないと言って、自ら命を絶つこともあったという。武家ではそれほど、義を重んじ、義に背く行為を恥じていたのだ。

このような倫理観・思想は一朝一夕でできるものではない。

日本は戦後、この日本人の精神という伝承・伝達を手放してしまったかのように見えた。たとえ、周囲のすべてが敵になろうと「道理は己にある」と魂が言うのであれば、その道を進むという「善と正義」で生きる人間が少なくなった。何か事が起きたとき、命をかけて職責を全うするというような、リーダーの姿を見ることがめっきり少なくなった。「正義の味方」という言葉も耳にしなくなって久しい。

しかし、消えかけたと思われた伝承・伝達の精神が立ち現れた瞬間があった。今もまだその爪痕が深く残っている「東日本大震災」である。

あの日、多くの人が命がけで大切な誰かのことを考えたのではないだろうか。「絆」という言葉が象徴するように、みんなが一体となり、危機を乗り越えようとした。まさに命がけで己が信じる「正しいこと」を純粋な気持ちから成し遂げようとした。

日本人の勇気や一体感、そして規律正しい行動は、多くの外国の人々の称賛を浴びた。それはおそらく、私たち日本国民が国民性として持っている共通の特徴、すなわち大和心、「武士道」のようなものなのではないだろうか。

脳の奥深くに刻み込まれた魂は消えることはない。武士道を教えられたことのない戦後育ちの若者たちも、決断の心、胆力、徳、人を思いやる心、真摯さ、自分の役割に徹すること、道徳観念という大和魂とも言える「性根」を発揮していた。「善と正義」が脳の奥に刻み込まれているとしか考えられない。

いざというとき、人様に後ろ指を指されるような恥ずかしいこと、「善と正義」に背くことは、我々日本人にはできないはずなのだ。

命がけで、「善と正義」に基づく決断をすれば、決してブレることはない。我々日本人の奥深くに必ず刻み込まれているのである。

この「善と正義」ということも、「天運の法則」を連動させる7要素の1つになっている。命がけで己が信じる「善と正義」を成し遂げようとすることによって、天運が巡り出すのである。

## 実践 自分武士道

皆さんも、自分だけの武士道をお持ちのことだろう。あなたの武士道を構成する7つの要素を書き出してみていただきたい。

もし、今のあなたに足りない要素があるときは、何に挑戦し、どう勉強すれば手に入るのかを考えてみていただきたい。

『武士道』の7つの徳である「義」「勇」「仁」「礼」「誠」「名誉」「忠義」にならって、中心にあなたが最も大切にしていることを入れ、まわりにさらに六方の要素を書き出してみてほしい。この六方がネットワークになっていないと天運にはならないので、注意が必要である。すべてが書き込めたら、あなただけの武士道が完成する。

ちなみに、7つの徳を六方拝にすると、次ページ下図のようになる。

## 自分武士道

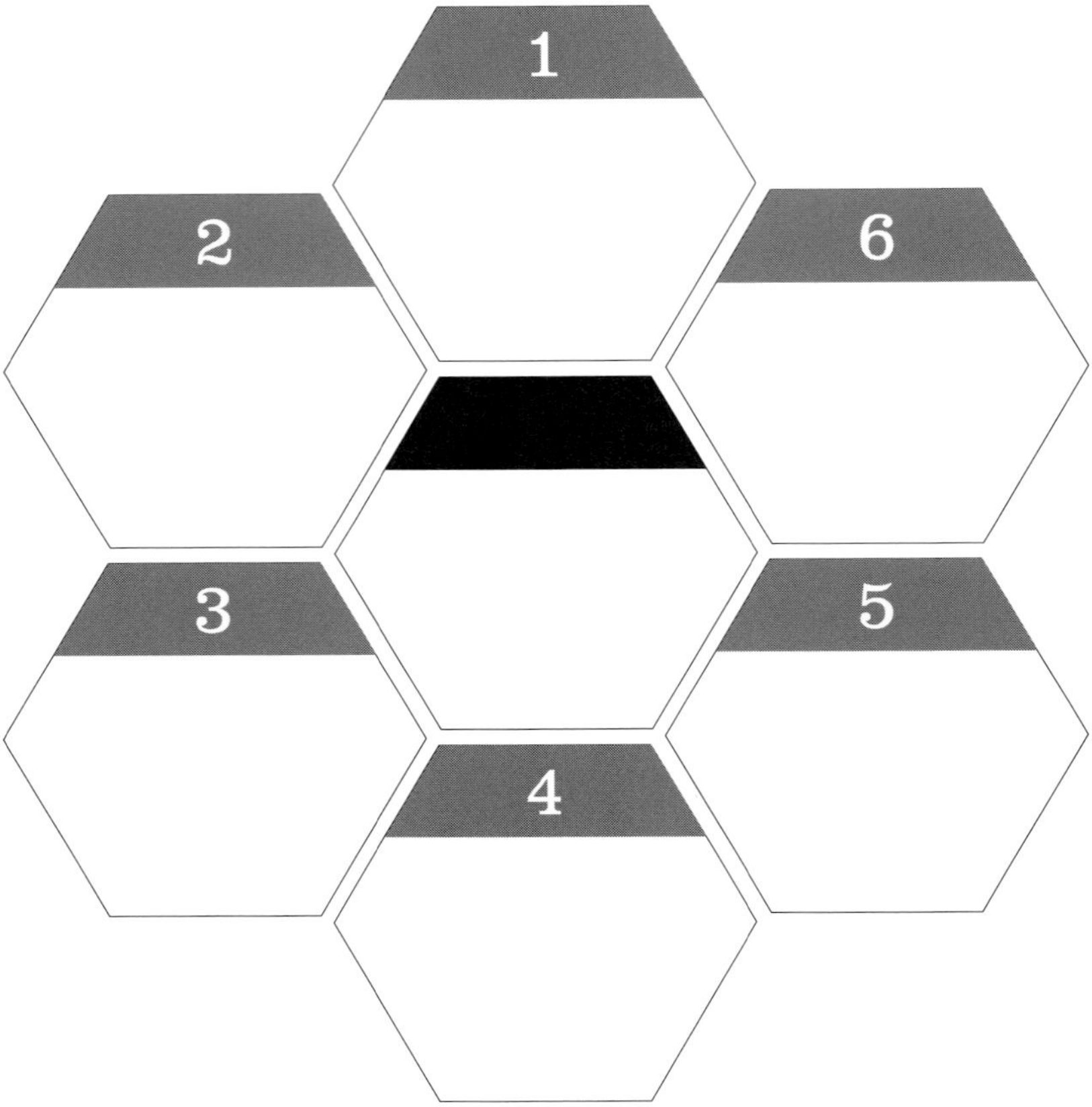


『武士道』
7つの徳の
六方拝

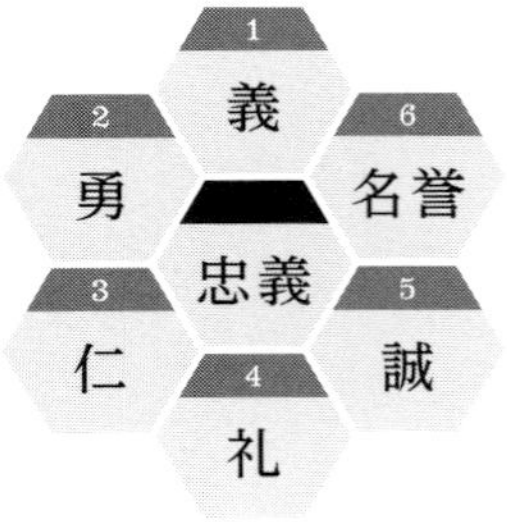

# 「真の親孝行」は行動で示す

さて、話を性根に戻そう。

「感謝」はよい性根の基本である。そして、親をありがたいと思う心が「感謝」の基本である。

一昔前の日本の子どもたちは、親は貧しく、毎日の生活に忙しく、あまり構ってもらえなくても、「自分は親に愛されている」と感じていたものだ。しかし、今は親が子どもたちにあれこれしてあげても「愛されていない」と思っているようにしか見えない気がしている。

昔の子どもは、親に叱られると「親を怒らせてまずいことをした」と思ったものだ。しかし、今の子どもたちは親に叱られると「うるさい」「むかつく」などと思ってしまうようである。

脳という観点から見てみると、親への感謝の心は、理屈ではなく本能の脳から発生するものである。親とは、この世に自分の生を授けた人であり、赤ちゃんから育ててくれた人であるからだ。

親は神よりも偉いのである。その神よりも偉い親の愛を感じられない人間、神よりも偉い親を大切にしない人間が、他人を大切にするわけがない。他人を愛せるわけがないのだ。

このように申し上げると、「私は親孝行をしています」とおっしゃる経営者の皆さんが実に多い。「親にマンションを買ってあげた」「両親に海外旅行をプレゼントした」「母親に高級バッグをプレゼントした」などとおっしゃるのである。

多くの皆さんは、高額商品やサービスを親にプレゼントして、親孝行をしたつもりになっている。はっきり申し上げて、このような行動は「真の親孝行」ではない。

親は我が子を無条件で愛している。特に、母親というものは、自分のお腹を痛めて子どもを産み、「かわいい、かわいい」と子どもを育てるものだ。

子は、母親から離れずに甘え続けるものだが、自分が大人になるにつれ、親はどんどん老いていく。そうなれば、今度は、子が親に対して一生懸命に尽くさなければならない。親に感謝して、自分が生まれたときに親がしてくれたことを、返していかなければならないのだ。

けれども、最近では、老いていく親に平気で逆らってしまう子どもがいる。一昔前の子どもたちは「将来は親の面倒を見たい」と当たり前のように思っていたものだが、最近ではこのような感覚も薄れてきているように感じるのである。

私も20代の頃は親孝行をわかっていなかった。そんな私を見て、「おふくろさんに心配をかけちゃいかんよ」と先輩に叱咤されたことがある。そのときにしてくれたのが、田中《たなか》清玄《せいげん》さんのお母様の話である。

田中清玄さんは、１９０６年に生まれ、東大在学中に共産党に入党し、その後に書記長となるが、転向して、戦後は〝大物フィクサー〟として、日本国内はもとより、中東やインドネシア、中国など国内外で活躍した人物である。

田中清玄さんの祖先は代々、会津藩松平候の家老である。『田中清玄自伝』（文芸春秋）のインタビューで、「自分が会津藩の筆頭家老の家柄に生まれたという自覚があった」と語っている。

１９３０年（昭和5年）に、当時は非合法団体であった共産党中央部と官憲が衝突し、激しく撃ち合った「和歌浦事件」が起きた。

その頃、清玄さんは親子の縁を切って革命運動をやるつもりで、2年近くお母さんに会っていなかったという。

事件前のある日、お母さんの愛子さんが割腹自殺をしてしまったのだ。お母さんの遺書にはこのように書き残されていたという。


お前のような共産主義者を出して、神にあいすまない。お国のみなさんと先祖に対して、自分は責任がある。また早く死んだお前の父親に対しても責任がある。自分は死をもって諫《いさ》める。お前はよき日本人になってくれ。私の死を空しくするな

――『田中清玄自伝』（田中清玄著／文芸春秋）

常々、清玄さんのお母さんは「お前が家門の名誉を傷つけたら、お前を改心させるために、自分は腹を切る」と言っていたそうである。

当時、国体や私有財産を否定した共産主義革命運動は非合法であり、多くの活動家が弾圧粛清される時代であった。

清玄さんはそのことを「以後、このことは私の心に重くのしかかって、その後の人生の道を決める上で、決定的な影響を与えました」と振り返っている。清玄さんは獄中で「母

の諫死と、それをきっかけにした共産主義への疑問」をとことん考えて、獄中転向を決意したと自伝には記されている。

この話を初めて先輩に聞いたときは、「また、説教か……」と大して気にもとめていなかった。しかし、自分が親となり、年齢を重ねてくると、親のありがたみがだんだんとわかってきて、そのたびにこの話を思い出すのだ。

清玄さんの母は「会津藩筆頭家老の家柄の家門を傷つけてはいけない」と死をもって、息子を諫めたのである。母親の愛の強さとは、腹を痛めて産んだ我が子に命を賭して教え諭す強さなのだ。

この話で私は、死を選ぶことを推奨しているのではない。現代の常識から考えれば、理解できないこともあるだろう。

私が申し上げたいのは、親が子どもを育てる「覚悟」を申し上げているのである。これほどまでの覚悟をして自分を育ててくれた親は、神よりも偉い。このことを忘れてはならない。

子どもの考え方の大もとは、母親の力である。母親が子どもの心と魂に影響を与えるからだ。子どもが父親を尊敬するのは、母親を通して父親の素晴らしさが子どもに伝わるからである。

親の愛とは、子どもに対して何かの評価を伴った愛ではない。理屈抜きの絶対的受容で子どもを愛している。出来のよい子どもだけでなく、出来の悪い子どもでも、親は命をかけて愛しているのである。

親の愛は最強の愛なのだ。だからこそ、「真の親孝行」とは、この親の愛、親の思いを裏切らないことなのである。

果たして、子どもは親の思いを理解しているのだろうか。また、最近の母親は、子どものために命を賭すほど子どもを愛しているだろうか。

この「真の親孝行」もまた、「天運の法則」を連動させる7要素の1つである。

親孝行もできない人間は、自分のことしか考えられない不幸な人間である。

「天運の法則」で申し上げると、天に吐いたツバはいつか自分に戻ってくるのだ。

さらに、脳の機能から申し上げると、親孝行をすると、ためらいがなくなり、迷いが消える。そして迷いがなくなると、度胸ができるのである。

「真の親孝行」とは、次のような言葉を親が自分にかけて初めて、スタートする。ここは、ぜひ理解していただきたい。

### 「真の親孝行」のスタート
・父親の言葉……「おまえが私の子どもでよかった」
・母親の言葉……「あなたを産んでよかった」

親に本気で感謝しているのか、口先だけなのかは、その人間の行動を見ていればわかることだ。思いは行動によって強化される。行動のない親への感謝は、ただの都合の感謝なのである。

繰り返すが、よい性根の基本は、本気で親に感謝することなのである。そして、「真の親孝行」が「天運」のスタートとなるのである。

## 実践 親への感謝

では、ここであなたの両親への感謝の気持ちと行動を振り返ってもらうことにする。しっかりと思い出してほしい。

・母親に対して――母親の愛にどのように応えてきたか

・父親に対して――父親の愛にどのように応えてきたか

## 創業者は親と同じである

ここで経営者に話を戻そう。

先ほど社員さんを見れば、経営者の性根がわかるというお話をした。集団はリーダーを映す鏡である。部下はリーダー以上のイメージにはならないのだ。だから、部下の性根をよくしようと思えば、リーダーの性根の力が試されるのである。

経営者の中に、「私は社員を大切にしています」と声高に言う人がいる。しかし、そういう人に限って、社長室に創業者の写真ではなく、社長が尊敬するという有名人の写真が飾ってあったりする。

しかし、それでは天運的経営はできないだろう。

親孝行と同じである。創業者は組織の産みの親であり、その創業者を大切にしない人間が、社員を大切にするわけがないのだ。

そして、次のことが言える。

創業者を大切にしない経営者は、まわりから大切にされない。

創業者に感謝せず尊敬しない経営者は、まわりから感謝されず尊敬されない。

創業社長をバカにする経営者は、社員からバカにされる。


このように、何もないところから創業した初代経営者は、親と同様、神よりも偉いのだ。

そして、本気で創業社長に感謝することが、天運を全うする生き方なのである。

## 強運は感謝によって天運になる

ここで感謝について少し掘り下げておこう。

前述したように、日本人は古代の昔から、森羅万象のすべてに神が宿っていると考え、畏怖と感謝の思いを捧げてきた。

太陽の神、海の神、山の神、水の神、火の神、風の神、草の神、木の神などの大自然から、お米の1粒1粒に至るまで、すべてに神様が宿ると考え、「ありがたい」「ありがたい」と感謝の気持ちを捧げてきた。繰り返すが、日本人とは、感謝する民族なのである。

人類は神に感謝し、神を拝むことによって、素直な心、感謝の心を呼び起こし、よい性根をつくってきたと言える。

私は母親から「ご飯粒を残すと目がつぶれる」とよく言われたものだ。それはケチだったのではなく、「1粒に至るまで大事にしなさいよ」という感謝の心の伝承である。

皆さんも感謝すると、何だかいい気持ちにならないだろうか。このメカニズムを専門的な言葉で説明すると、感情の脳である大脳辺縁系が〝感じて〟プラスイメージになり、扁桃核が「快」に反応しているということになる。

神代の時代から、人類が先祖や神を祈ってきたのは、己の邪心や邪気を洗い流し、素直な魂をつくろうとしてきたということなのだ。

感謝は人を素直にする特効薬である。感謝すると、脳が肯定的になり、不平不満が消える。感謝の感情は0・2秒以内に脳に伝達されるから、不満や不安、悩みがあっても瞬時に消えてしまうのだ。

そうして感謝を反復すれば、脳がどんどん「快」になる。脳がワクワクしてくると、行動も変わってくる。

だから、何でもかんでも〝感謝したもの勝ち〟なのである。感謝とは自分の心を常によい状態にコントロールするための最強の方法なのだ。

仕事に感謝し、自分を生んでくれた両親や先祖に感謝し、これまでお世話になった多くの人生の師に感謝し、健康でいられることに感謝していれば、人間の悪の部分は出てこない。社員や家族がいて初めて自分がいるのだ。

これを忘れて自分だけの力で成功したと思っているとしたら、感謝の心が足りない人間なのである。

人は誰かに感謝しているとき、精神的な落ち着きを得ることができる。感謝の心は究極のプラス思考なのだ。いいイメージが次々と浮かび、ひらめきやインスピレーションもわくようになる。まさによいことずくめだ。

不満のある者は、感謝を忘れている。人生に燃え尽きている者は、感謝を忘れている。

あなたは親しい人の愛情や毎日の生活に感謝できているだろうか。

あなたを救うのは他の誰でもない。心の中のもう一人のあなたの「感謝の心」である。

自分自身を取り巻く環境に感謝する。そして実際に口に出して「ありがとう」と言うことで、脳は感謝の感情を強く生み出すのだ。これを習慣にすることで、脳がよい状態になり、プラス思考を飛躍的に高めていってくれる。

あなたを守るのは、他人ではない。あなたが自分の脳に問いかけてできてしまう、あなたの心と魂である。ぜひ、感謝を習慣にしてほしい。

## 脳に肯定的ネットワークを張る「六方拝」

感謝をさらに深めていくことにする。

ここであらためて「六方拝」を紹介しよう。「六方拝」とは、東、西、南、北、天、地の六方に向かい、すべてに感謝するというものである。もともとはお釈迦様の教えの一つである。

私がこの六方拝を知ったのは、父が亡くなったときに遡る。私が29歳のときである。母は毎日、父の仏壇に向かって、20分以上も拝んでいた。

私が何をそんなに拝んでいるのかと尋ねたら、母は「お父さんとお前のこと、ご先祖様、親戚、友達……、すべてに感謝しているんだよ」と言ったのだ。

再度の紹介になるが、六方拝の意味は次のようになっている。

東に向かって「命のもとである両親や先祖に感謝」
西に向かって「自分を頑張らせてくれている配偶者や家族に感謝」
南に向かって「お世話になった人生の師に感謝」
北に向かって「ご縁のあった友人、知人に感謝」
天（上）に向かって「太陽や空気や雨、あるいは神に感謝」
地（下）に向かって「大地の恵み、自然に感謝」

この六方拝を教えてくれた母も30年近く前に亡くなった。それから毎日、私はこのすべてに感謝する六方拝を行っている。

不思議なことにこれを行っていると、まず自分がいてまわりに人がいるとは思わず、人様がいてくださって自分がある、自然があって自分がいる、「自分は生かされている」と思えるのである。そう思えると、不満や不安がすべてなくなってくる。

お釈迦様がすごいのは、脳の機能がわかっていない数千年前に、すべてに感謝させる六方拝を行っていることである。

六法拝を行うと、脳に肯定的なネットワークを張ることができる。人は一方思考になると不快反応が出てきて、不平不満が発生する。かといって、アイデアが多すぎても脳にネットワークを張ることができない。

新しいアイデアを出す場合などには、思考をどんどん広げていく思考法も有効だろう。しかし、広げたら絞ることを忘れてはならない。項目が多すぎると、脳にしっかりとネットワークができないのである。この六方拝による思考法は、脳に肯定的なネットワークを張るのにとても適している。

あなたは、お客様、社員、取引先、家族などに対して、どれくらい感謝して仕事をしているだろうか。自分を取り巻くものすべてに感謝して仕事をしていれば、不平不満や不安は起こらない。不平不満はその人のどこかに感謝の心が欠けているために、感情脳が不快反応を起こして発生しているのである。

あなたもぜひ六方拝を習慣にしてほしい。そして、強運は感謝によって天運になるということを実感してもらいたい。

## 実践

# 六方拝

ではここで、皆さんにも六方拝を実践していただきたい。

次ページの六方拝の「天」「家族」「恩師・上司」「地」「両親・先祖」「友人・知人」の欄に、拝みたい人やこと、ものの名前を書いてほしい。自分を支えてくれている人、感謝したい人やものを書き込むのだ。

その上で、自分にとってその人やそのこと、そのものがどんな存在かを記入する。たとえば、「叱ってくれる」とか、「親身になって相談に乗ってくれる」「よきライバル」などという要領で書いていくとよい。

書き込めたら、六方拝を眺めてみてほしい。自分がまわりに生かされている存在であることに気づくはずだ。

そして最後に、中央の自分の欄に、自分がどのように感謝の気持ちをあらわしていくのかを決意表明として書き込んでほしい。

完成したら、このシートを壁に貼るなどして、毎日見返してみるとよい。そうすると、

## あなたの六方拝

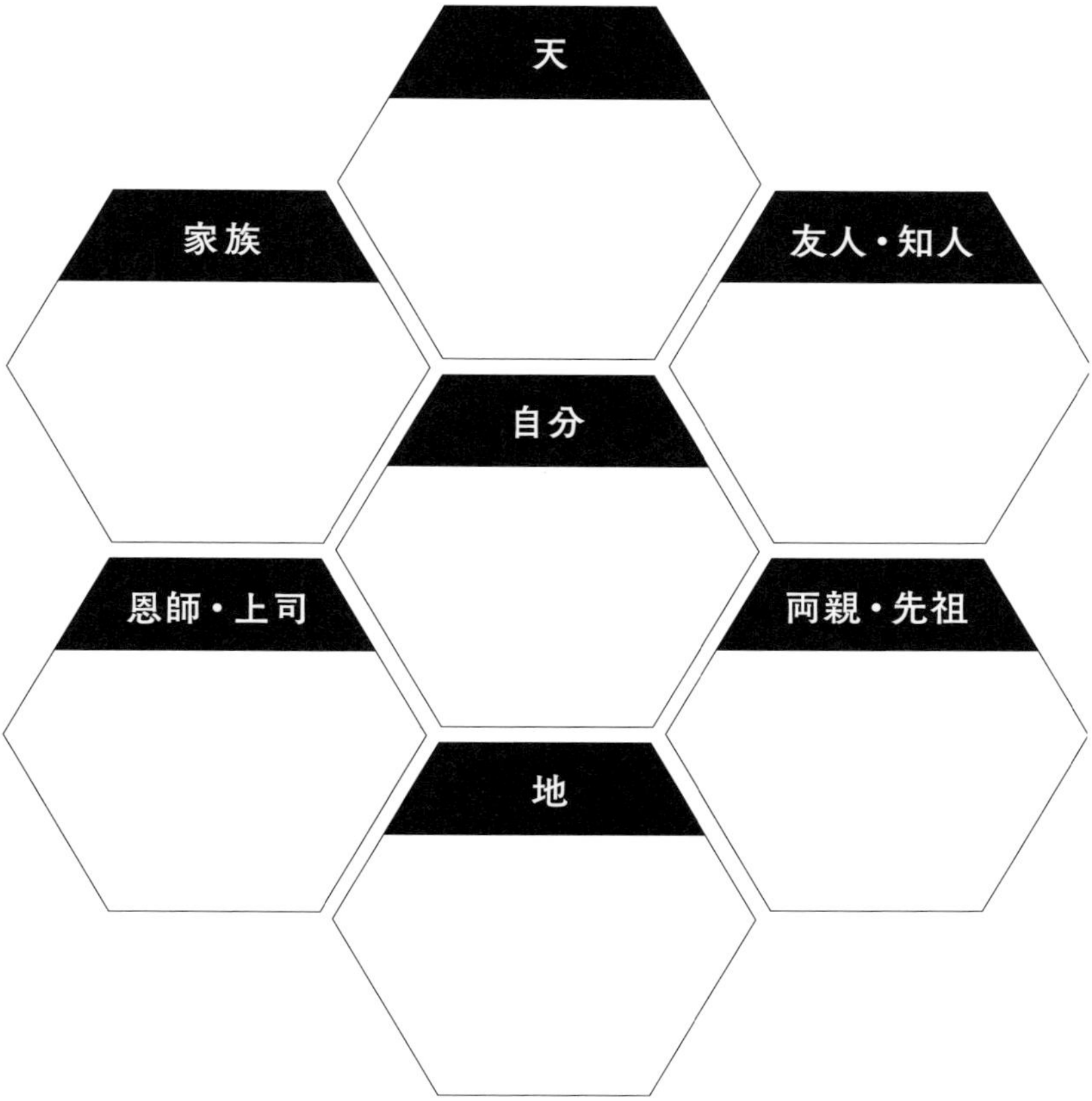


名前 ____________________

潜在意識に感謝がしっかりと条件づけられて、感謝力がますます高まるだろう。

人は、感謝の心を忘れたときに自己中心的になり、不平不満が発生する。それが、運が離れる原因となるのだ。

運というものは、感謝の気持ちを持って扁桃核が「快」になっている人にやって来るものなのだ。己を変えたければ、本気で感謝することである。

「今、あなたがこの世に存在しているのは先祖のおかげ」

「日々充実した生活を送れるのは、仕事やお金やまわりの人々のおかげ」

これを胸に刻み、自分を支えてくれる家族、仕事、会社、部下、同僚、お金など、すべてのものに感謝してほしい。

## 「恩感力」を高める「10人の法則」

ここまで、感謝の重要性についてご理解いただけただろうか。さらに、天運的感謝を深めてもらおう。

最近、「感謝」「ありがとう」という言葉はよく耳にするが、「恩返し」という言葉はほとんど聞かなくなった。日本の昔話では、鶴や亀、タヌキや蟹まで恩返しをするというのに、現代ではお世話になった人を平気で裏切る人間がいる。「ありがとう」と口にするだけで、恩返しをしない人間もいる。メールだけで一方通行の「ありがとう」を伝える人間も多くなったように思う。

もし本当に感謝しているのなら、人は嫌でもその喜びを行動であらわしたくなり、その人のために何かをせずにはいられなくなる。口先だけでいくら「ありがとう」と言っても、恩返しをしないのは、所詮は頭で考えた感謝であり、感謝の喜びが足りないのだ。

運のある人は、必ずと言っていいほど「恩を感じる力」が優れている。お世話になった人への恩義、人様からの恩を感じるこの能力のことを、私は「恩感力《おんかんりょく》」と呼んでいる。

人は誰でも必ず他人からお世話になり、そのおかげで現在の自分がある。しかし、運のない人間はその受けた恩をありがたいと感じず、恩に報いようとしない。どんなに優れた超一流の人間であっても、自分一人の力では成功を得ることはできない。多くの人に出会い、助けてもらったからこそ、現在の自分があるのだ。

「恩感力」の低い人間は、肝心なときに誰にも助けてもらえず、ツキと運のない寂しい人生を歩むことになる。ツキの持続が運であり、強運が天運になっていくのだから、当然、天運にも恵まれない。

もし、「恩感力」を高めたいと思っているのであれば、ぜひ「10人の法則」を実践してみていただきたい。この法則は次のように、とてもシンプルなものだ。

「あなたが感謝すべき人、10人の名前をあげなさい。そして1年以内に、10人全員にあなたの『感謝』を伝えなさい」

この「10人の法則」を行うと、まず不平不満や悩みがなくなる。そして、私利私欲から解放され、素直な心を手に入れることができる。「生きている」から「生かされている」に変わると言ってもよい。私たちには感謝しなくてはならない恩人が必ずいる。しかし、感謝できているか、忘れてしまうかによって、「豊かな心」と「貧しい心」の両面に分かれていくのだ。

母親に「生んでくれてありがとう」と言うのは照れくさいだろう。不義理を重ねてきた恩人に会いに行くのには相当な覚悟がいるだろう。しかし、行動すると心が強化されるのだ。必ず心のトラウマが取れて、すがすがしい気持ちになるのは間違いない。

何も恥ずかしがる必要はない。恩人たちは、あなたが感謝を伝えられる立派な人間になったことを、心から喜んでくれるはずだ。

人は出会いの数だけ別れがある。しかし、こうした人との別れにも「よい別れ」と「悪い別れ」がある。

人にとって、よい出会いは大切だが、最も大切なのは、よい別れである。なぜなら、よい別れは「恩感力」を大切にする人にしか訪れないからである。天運のある人は、必ず別れるときは「よい別れ」をしている。

そのためにも、ぜひ「10人の法則」を実行してもらいたい。

## 実践　10人の法則

では、皆さんにも「10人の法則」を実行してもらおう。だが、その前に準備をしてもらわなければならない。次ページのシートを10枚コピーして、書き込んでもらいたい。

現在の自分を支えてくれている人、子ども時代や学生時代にお世話になった人を、亡くなられた方も含めて10人思い出して、1枚のシートに1人ずつ書き込んでほしい。そして、機会を見つけて会いに行き、感謝を伝えてほしい。

お世話になった方の写真や
肖像画などがあれば、ここに貼ってください。

さん、ありがとうございます。

あなたはその方にどんな恩があるか

あなたはその方にどのように恩返しをするか

その方への感謝のメッセージ

## 真の教育とは性根を正すことである

さて、ここからまた話を性根に戻そう。

「商人としてスタートして成功した人は、必ず教育者になる」

私はいつもこう申し上げている。成功することには社会的責任が生じるため、その責任に報いるために「教育者」となるのである。

私は、多くの経営者の皆さんに「繁栄とは、栄えて発展することだ」と伝えてきた。ちょっとうまくいってドスンと潰れるのは、繁栄ではない。ただ、一時だけ要領よく生きていただけのことだ。

金儲けの知識だけの社長、人を蹴落としてでも上へ行こうとする社長に人がついていくのは、ただ恐怖で従っているに過ぎない。社員は「給料がよい」「待遇がよい」状況を失う恐怖から、我慢しているだけなのだ。この状態では、会社が傾いた途端、あっさり離れていくだろう。

しかし、人望のある性根のよい社長ならば、覚悟を決めて何か勝負に出るときには、社員は喜んでついてきてくれる。また、もし会社が苦しくなったときにも、自分たちも苦しいのを我慢して一緒に頑張ろうとしてくれる。そして、その経営者の胆力があれば、会社はまた回復して成長していけるのである。

真の人材育成、能力開発は、人間の心の底にある性根を整えて直すことなのである。人の本質を正すのは、容易なことではない。だから、根気が必要である。そして、根気には愛が必要である。

愛のない根気などない。愛がないのはただの指摘であって、それでは心も魂もよくならない。指摘をするには、どこがいけないのかに気がつかなければいけないから、神経が必要である。根底に愛がなければ、無神経である。無神経では真の教育はできないのである。無神経な言葉を口にしたり、無神経な行動を取ることには、愛がないのである。

インターネットの時代になり、経営者も社員も心のぶつかり合いやコミュニケーションを必ずしも求めなくなった。投資家が成長性を判断する際に、経営者の人望や性根は無関係かもしれない。

しかし、昔から言われてきた「厳しくても愛はある」という愛の法則は、経営にも生きている。

皆さんの会社にも、経営者とぶつかって辞めていった社員がいるだろう。しかし、もし経営者に人望があれば、あとから必ず「あのときはお世話になりました」と訪ねてくれるはずだ。

なぜかと言えば、経営者に愛と思想があり、会社に理念があると、社員との間に魂の絆が生まれるからである。

自分の考えを相手に伝える一番簡単な方法は、言葉にして伝えることである。しかし、もっと強く相手に自分の考えを伝える方法がある。

それは、いちいち細かなことは言わず、自分の生き様を見せることである。あなたの生き様とは、すなわちあなたの魂である。

これから、あなたが社員、部下に伝えていく大切なことは何か。ぜひ、考えていただきたい。企業の魂をしっかりとつくっていただきたい。それらは伝承・伝達されて、企業の財産として蓄積されていくのである。

# 叱ることで魂は伝承・伝達されていく

社員との関係について続けていこう。

私は戦後まもなくの生まれである。幼少期にはいたずら好きであったが、行儀が悪かったり、しっかりあいさつができなかったりすると、よく母親に叱られたものである。また、社会人になってからは、人生の師に叱っていただいたものだ。

最近は若い方を叱ることはあっても、私を叱ってくださる方が皆さん他界して寂しく思うのである。

人は叱られるたびに、無知だった己を反省し、一つずつ社会のルールや技術を習得していくものである。「褒めて育てる」と「叱って育てる」は一対になっている。脳は叱られて反省し、褒められて喜ぶ。本気で叱られ、本気で褒められるところに、心の交流が生まれるのだ。

最近は、叱られたことのない人たちが増え、叱られるとすぐに「キレる」という人たちが増えてきているようだ。

本来、人間は叱ってくれる人がいてくれるからこそ成長し、人の痛みや相手を思いやる心が育つのである。

皆さんは、部下によい教育をされているだろうか。いくら優秀な成績や結果を出していたとしても、人間として誤ったことをしたり、誤った考え方をしていたら、上の者は年長者としてしっかり叱るべきである。売上は上げるが、誰に対しても感謝のないような社員は、きっちり叱るべきである。

最近の若者たちは叱られることに極度に弱くなっている。上司にちょっと叱られただけで、ふて腐れたり、「ムカついた」と言って仕事を放棄したり、果ては会社を退職してしまう者までいる。だから、上司は若い部下に対してまるで腫物にでも触るように接している場合がある。

しかし、それでは根性のある社員は育たない。社員に根性がないと、企業の根性も小さくなってしまう。

よく言われることだが、叱ると怒るは違う。叱るとは「目下の者の言動のよくない点などを指摘して、強くとがめること」である。怒るとは「このやろう！」と感情的になってしまうことである。叱るとは、二度とこういうことはしてもらいたくないという心で強く伝えることである。

そもそも、叱ることは褒めることよりもずっとエネルギーがいるものだ。誰もわざわざ人を叱りたくはないが、叱る相手の将来が大切だと思っているからこそ、あえて叱るのである。

叱らなくてよい子どもや部下はいない。完璧な子どもや部下はいないのである。間違ったことをしたら、即座に叱らなければならない。あとから叱ったのでは、本人が何を叱られているのかがわからないからだ。

そして、一度叱ったからといって完璧に直るとは限らない。同じようなことをしたら、また叱ってあげる必要がある。

先述した通り、教育とは根気である。人の本質を直すのは根気、人の部分を直すのは指摘なのだ。

根気には愛が必要で、指摘には神経が必要である。人の心は指摘では直らず、愛のある根気で直るのである。

直らなければ、何回でも指摘してあげなければ本人のためにならない。そして、直ったら褒めてあげなければならない。

叱られて褒められる。これが人間を成長させる真理なのだ。

私は還暦を過ぎた今でも、母や上司や人生の師に叱られたことを思い出す。本書の序で書いたが、子どものときに母から「何ですか、お父さんに対してその態度は！」と叱られたのは、母が祖父、祖母、そのまた祖父母、さらにその前の先祖の脳を引き継いでいるからだと考えている。

母が私を叱っていると同時に、先祖が私の性根を直してくれていたのだ。

ぜひ覚えておいてほしい。叱ることで、魂は伝承・伝達されていくのである。

# 第5章

# 天運を信じる

大変革に負けない思考は
伝承・伝達の魂に支えられる

未来を考える人
人工知能
RAS
脳のX理論
前提条件と与件

## 社会の変革に応じて脳の常識も変わってきた

ここからは、未来に向けた脳のお話をしていこう。

人類の壮大な歴史を見てみると、いつの時代も、次の3種類の人間しかいないことがわかる。

- 未来を考える人
- 現在を考える人
- 過去を考える人

今は、情報革命まっただ中の大変革時代である。かつて人類が経験したことのない変化がものすごいスピードで進行している。

つまり、多くの「未来を考える人」が生まれるに違いないのだ。そして、「未来を考える人」が世の中を変えていくと断言できるだろう。

産業革命以後、それまでの常識では考えられなかったようなことに挑戦する〝天才〟たちが世界で次々と生まれ、科学技術の発達とともに、人間の常識を変えていった。

特に1800年代にはエジソンをはじめ、ライト兄弟、アインシュタイン、豊田佐吉など、時代を変える天才たちが数多く生まれたことは、すでにお話しした通りである。

そして、その1800年代の最後に生まれてきたのが松下幸之助である。松下電気器具製作所（現パナソニック）の創業者で、「経営の神様」としてあまりにも有名な人物だ。

なぜ、この時代に天才が多いのか。それは、この時代の人類が、産業革命に端を発したさまざまな大変革を起こしたからにほかならない。科学技術の発達という環境の変化が、「未来を考える人」を多く生み出したと言える。

つまり、変化の激しかった1800年代は、「未来を考える人」がたくさん生まれた年代だと言っても過言ではないのだ。

脳は、それまで考えていなかったことを考えはじめると、どんどんシナプスが結合されていき、新しい脳になっていく。世の中の常識が変わり、新しい考え方が生まれると、それをもとにまた別の新しい考えが生まれていく。

前にも言ったが、人間の脳というのは底が知れない。まるで、観測不能な宇宙空間のように、広大で無限の広がりを持っているのだ。

さて、1800年代の天才たちがそうであったように、人工知能革命が起きている現代人の脳もまた、飛躍的に進化するであろう。リニアモーターカーは実用化一歩手前の状況を迎え、宇宙エレベーター計画は夢物語ではなくなっており、米宇宙企業による宇宙ホテルの打ち上げ計画も具体的に進んでいるという。また、人工臓器はますます発達して、人間の平均寿命もどんどん延びていくであろう。

そしてこれからは、便利なロボットがどんどん出てくる。仕事に行きたくないと思ったら、自分の代わりに仕事に行ってくれる、携帯電話とパソコンを渡しておけば、代わりにやってくれる、子どもの代わりに勉強してくれる……。そんな時代がすぐ目の前に来ているというのは、紛れもない事実なのだ。

だからこそ、経営者、リーダーであれば「未来を考える人」であらねばならない。

## これから想像を超える変革が起こる

人類の脳は、今まであまたの危機を乗り越えてきた。しかし、これからは、人類が考えてもいなかったようなことが起こる。

1995年頃からのインターネットの急速な普及によって、IT革命とも言える革新が進行していることはご存じの通りだ。

それから22年が経った現在（2017年）、その当時を振り返って比較してみると、社会や生活が格段に変わったと実感する。インターネットでの買い物は当たり前になり、ビッグデータの解析技術の革新により、世界ではITや金融産業が躍進し、所得格差が広がっている。

さらにやって来ているのが、人類史上最大の大変革「人工知能（AI）」だ。皆さんもご存じのように、人工知能とはコンピュータを使って人間の脳が行うような働きを再現する技術だ。1950年代から開発が始まり、1980年代に産業化されて、現在は発展期だとされている。

「人工知能」と言うと、人間と将棋や囲碁で対戦したりして、多くのメディアが大騒ぎして、我々も大いに驚かされたことを思い浮かべる。しかし、そんなことで騒いでいられるのは、この先数年くらいである。

これからは、人工知能がビジネスのカギを握る。グーグルやアップル、マイクロソフト、ＩＢＭ、パナソニック、日立製作所といった国内外の電気・ＩＴ企業だけでなく、あらゆる組織が、人工知能の研究開発に多大な投資を始めている。日本政府も、ＡＩの活用を新たな成長戦略の柱としている。

人工知能のレベルは、飛躍的に進化している。ここで少し整理しておきたい。人工知能と言っても、大きく分けて次の3つの種類がある。

**人工知能の3種類**

1 探索型……複数ある候補の中から最適な解を出す（例：将棋、囲碁など）
2 知識型……データの蓄積によりビッグデータから最適な解を出す（例：ウェブショップのおすすめ機能など）

### 3 計測型……センサーの動きで形状などを判断して最適な解を出す（例：ロボット型掃除機など）

人工知能と人間の脳には大きな違いがある。それは、人工知能は必ず正解を出すということだ。

現代は、身のまわりのありとあらゆるものがインターネットに接続され、データがやり取りされている。そこから得たビッグデータは、書物何百万冊分にも相当すると言われている。人工知能はそれらのデータを解析して、一瞬で最適な答えを出してくることも可能なのだ。

我々の生活は大きく変わる。その変化は産業革命と同程度、いやそれ以上の変化になるはずだ。この驚異の「ＡＩ革命」はもうすでに始まっているのだ。

## 人工知能が多くの仕事を担う時代になる

では実際に、人間と人工知能では、どれくらいの能力差があるのだろうか。

「２０４５年問題」と言われるものがある。人工知能が、プログラムを自ら改良するようになると、永続的に指数関数的な進化を遂げ、ある時点で人間の知能を超える、というものだ。それ以降の発明などは人間ではなく、すべて人工知能が担うようになると予想されていて、その〝ある時点〟というのが２０４５年だというのだ。

あくまで仮説に基づく話だが、コンピュータの性能はその仮説通りに進化している。つまり、あながちＳＦの世界の話ではなさそうなのだ。イギリスの理論物理学者で、「車椅子の物理学者」として知られるスティーブン・ホーキング博士は、「人工知能の進化は人類の終焉を意味する」とまで述べている。

もちろん、それに反論して、人工知能が自ら人工知能をつくり出すようなことにはならないという見方もある。しかし、人工知能が人間の活動領域にどんどん入り込んでいくのは間違いない。これはもう止めようがない。つまり、人間の仕事がどんどん奪われてしまうのだ。

以前、とある地方銀行の頭取さんからご連絡をいただき、幹部の皆さんに講演を行ったときのことだ。「何でも話してください」とおっしゃるので、「では、将来、銀行や証券会社さえ姿を消すこともありうるという話をしてもいいですか?」と申し上げたら、「お願いします」とおっしゃった。その頭取さんもかなりの危機意識をお持ちだったのだろう。

今は、電子マネーが普及して、電車に乗るのもICカードでピッ、買い物もピッといった具合である。インターネットでショッピングをするのもカード決済で、現金をやり取りする場面はどんどん減っている。現金を持って来るお客様から手数料をいただくというビジネスモデルの終焉は、もうそこまで来ている。つまり、銀行の支店や窓口は今ほど必要なくなるのだ。

本書の最初のほうで、オックスフォード大学のマイケル・A・オズボーン博士の論文にある、今ある職業の47%がコンピュータによって自動化されるリスクが高いという話をした。では実際に、人工知能が有利な仕事とはどのようなものかと言うと、次のような単純なものや反復性のあるものなどである。

## 人工知能が有利な仕事

1 反復性のある物理作業……工場の組み立て作業など
2 数値化可能なもの……スーパーのレジ作業など
3 人間関係構築が不要なもの……人との関わりのない仕事
4 アルゴリズムを適用できるもの……自動車、電車の運転など

そして、人工知能の普及で消滅する可能性のある仕事には、以下のような特徴がある。

## 人工知能が仕事を奪う条件

1 供給過多……飲食業、整体など
2 技術革新……製造業の人員、税理士、運転手、介護士、デザイナーなど
3 消費者の行動変化……販売員、営業、接客業、銀行窓口など

ダ・ヴィンチ研究所所長で未来学者のトーマス・フレイ氏は、「2030年になれば、

私たちは3Dプリンタでできた服を着て、ドローンで品物をやり取りし、自動運転の車で移動することになるだろう」と述べ、全世界の半分にあたる20億人の雇用が消えると予想している。

最近では、熟練した職人が手間暇かけてつくるようなものが、3Dプリンタであっという間にでき上がったり、部屋の掃除はロボット型掃除機がやってくれたりする。

アメリカの通販大手アマゾンは、アメリカ国内でドローンを使った宅配サービスの実用化に向けて試験中であるし、日本でも政府が千葉市を国家戦略特区に指定して、医薬品や生活必需品をドローンで配達する実験を開始した。さらに、リハビリや介護を手伝うロボットの開発も進んでいるという。グーグルは、自社で開発中の自動運転車について、2020年までに一般利用の準備を終えると発表している。

こうなると、ただでさえ機械化が進んでいる製造業で人員が大幅に削減され、トラックやタクシー、バスなどのドライバーも自動運転になれば不要になるだろう。交通事故も減る可能性があり、そうすると警察も医師も看護師も大幅に削減されるかもしれない。ホテルの客室係や銀行の窓口、事務員やビル清掃、介護士なども人工知能に取って代わられる可能性が高い。

こうして人件費のコストを下げたい業態ではＡＩ化がどんどん進むはずだ。

この他にも、農業や漁業や兵士もロボット化が進むと考えられる。「影響をまったく受けない職業はない」と言ってもいいくらいだ。

さらにアメリカでは、社員の管理・評価を行う知的労働を担う人工知能も登場しているという。

経営者の皆さんは、すでにコスト削減のために人工知能の導入を検討しているかもしれない。もし、まだ考えていないなら、皆さんの会社でも「供給過多」「技術革新」「消費者の行動変化」によってなくなってしまう可能性の高い仕事について、ぜひ考えてみていただきたい。

## 人間の脳も加速度的に進化する

ダ・ヴィンチ研究所のフレイ所長が予測した、20億人の雇用が消える２０３０年まで、あと十数年だ。しかし、それは十数年後の話ではなく、すでに始まっていることを忘れてはならない。

２０３０年よりも前にとてつもない変化が起こり、それが整備されて、２０３０年は今とはまったく違う世の中になっているはずだと、フレイ氏は言っているのだ。つまり、２０３０年になくなっている職業は、それよりも前に消滅するはずなのである。

ホーキング博士も先述の通り、人工知能の行きすぎた進化に警鐘を鳴らしているし、米マイクロソフト社の創始者であるビル・ゲイツも、人工知能について「うまく管理できていればプラスだが、数十年後に知能が強力になることを懸念する」と述べている。

では、これからの人類は本当に滅亡していくのだろうか。人工知能の部下となってしまうのだろうか。

確かにこのままでは、人間は人工知能に絶対に勝てなくなる。しかし、脳とコンピュータはまったく違う。

「人間の脳は無限の宇宙」とお話した。脳の中でシナプスが増えることで、ニューロンがどんどん増殖して発達していくのだ。

つまり、マクロで見れば、人類の脳はものすごい勢いで進化を続け、それは今も加速度的に進んでいるのだ。

考えてみてほしい。人類が初めて空を飛んだのは110年ほど前のライト兄弟だ。弟オービルの操縦する「フライヤー号」の機体は4回目の飛行で約3メートル浮き上がり、約260メートルを飛んで着地した。

それからたった110年、皆さんは北海道でもアメリカでも、世界中をジェット機で飛んで行ける。さらに、数十年経ったとして、私たちは今のような形の飛行機に乗っているだろうか。

おそらく、現代の中学生に人力飛行機をつくらせたら、ライト兄弟よりも長い距離を飛ぶことができるはずだ。

今は、小学生であってもスマートフォンを使いこなして、世界中からあらゆる情報を集めることができる。

そう考えれば、今の小学生のほうがエジソンより「頭がよい」と言えるのだ。今はそういう時代なのである。

## 脳の進化とともに価値観も大きく変わる

さて、これまで経営者の皆さんには、たくさん勉強をするようにおすすめしてきた。それは、経営の戦術・戦略をはじめとした「社会的成功」のための勉強、そして「人間的成功」のための人間学である。

しかし、これからは勉強するだけでは人工知能に打ち勝つことができない。世の中に情報が発信された時点で、多くのものやサービスが真似できてしまう世の中になってきているからだ。

これまでお話してきたように、考えるための脳、感情の脳までは人工知能が追随してくる。その一方で、人間の根幹にある本能の脳に関わる部分は、人工知能であっても決して真似ができない。

これからの人工知能の時代に、経営者が未来を切りひらくには「人間にしかできないこと」を突き詰めていくしかないのだ。

経営者の皆さんは、自分の会社について考えてみていただきたい。

**・自分の会社の事業範囲で、「人にしかできない仕事」というのはあるだろうか?**

**・人工知能やロボットに置き換えることができる仕事はあるだろうか?**

このように考えてみれば、ロボットに置き換えられない仕事が見つかるはずだ。そして、その仕事を高価値なものに変えればよいのである。

すぐに見つけることができなくても、脳に問いかけ続けるといい。脳はイメージしたことで爆発的な集中力を発揮する。

もしあなたがトライアスロンに興味があるとして、雑踏の中を歩いていたとする。ザワザワした中でも「トライアスロン」という言葉が耳に入ってきたり、「トライアスロン」に関する情報にも自然と気づくことが多いだろう。それは、脳が情報を収集しているからである。

人間の脳幹網様体というところには、「RAS(Reticular Activating System)」と呼ばれる組織がある。RASについてはまだ科学的に証明されていないが、さまざまな情報の中

から、重要なものだけをすくい取る役割を持っているというのが私の見解だ。このRAS
が異常集中すると、普通ではありえないことが起こる。

ある柔道選手から次のような話を聞いたことがある。

とある大きな大会で決勝まで勝ち進んだものの、あと一歩で2位に終わってしまった試合があった。試合直後に、6000人を超えるような大会場のどこかで応援してくれていた家族の「よくやった！」という声が聞こえたというのである。割れるような大歓声と拍手の中で、誰か一人の声がはっきり聞こえることなどあるはずがないと思えるのだが、はっきりと聞こえたというのだ。

私はこの話を聞いて、人間の特別な力について確信を得た。

このRASが作動して、先ほどの柔道選手のように、聞こえるはずのない家族の声を聞き取ることもあるのだ。

身近な例では、ゴルフ好きの人が、隣の席の話し声が聞こえないほど騒がしい居酒屋の中で、遠くからの「シングルになった」という声がふと耳に入ってくるといったことが挙げられる。これもRASが働いた結果である。ゴルフにまったく関心のない人であれば、脳は「シングル」という声を感知しないため、このようなことは起こらないだろう。

このように、一度ＲＡＳのスイッチが入ると、脳は異常なまでの集中力を発揮するのだ。人間の集中力というのは、まるで超能力のようだ。このような力は、人工知能はまだ持っていないだろう。

皆さんは、とてつもないアイデアが、突然閃いたような経験はないだろうか。「アイデアが降ってきた」などと言って、それが偶然やラッキーだと思っている方も多いと思う。しかし、私から申し上げると、それは単なる偶然ではない。脳が問いかけに対して答えを出した瞬間なのである。

脳のＲＡＳが異常集中すると、気づきが得られる。経営者はその脳から出た答えを高価値につくり上げて、自社の武器にすればよいのである。気づきはまさに宝なのだ。

皆さんも、ぜひ自分の脳に問いかけていただきたい。

「人間にしかできないことは何か？」

あなたの脳は、必ず答えを出してくるはずだ。

私は、「自宅の電話番号を覚えていたら天才だ」と申し上げてきた。確かに、人工知能は人類にとって脅威かもしれない。だが、おそらく人間の脳もとんでもないスピードで進化しているはずだ。そして、脳の進化に伴って人類の価値観も大きく変わるのである。

## 実践 人工知能対策

ここでは、以下の問いにお答えいただき、皆さんの会社が進むべき道のヒントにしていただきたいと思う。

### ❶「人工知能」に奪われる仕事がないか検討する

「供給過多」の仕事はあるか？

「技術革新」で不要になる仕事はあるか？

「消費者の行動変化」でニーズのなくなる仕事はあるか?

## ❷ 人にしかできない高価値な仕事がないか検討する

①で出てきたなくなるかもしれない仕事を、人にしかできない仕事に代えることができるか?

# 新しい価値観が生まれる「脳のX理論」

人工知能の急速な進化によって、人間の仕事がどんどん奪われてしまう見通しであるというお話した。

しかし、がっかりする必要などまったくない。なくなる仕事があれば、新しく生まれる仕事もあるのだ。

それが、人類の発展の歴史である。

次ページの図を見ていただきたい。この図は「なくなるモノ」と「始まるモノ」の推移をイメージしやすくするために簡易化したものである。縦軸が「必要度」で、横軸が「時間」である。

これは私が「脳のX理論」と名づけているもので、なくなるモノと始まるモノが交差しているXポイントで、それまでと違う新しいモノ、新しい価値観が生まれるということをあらわしている。

たとえば、ある商品でこのX理論を考えてみよう。

## 脳のX理論

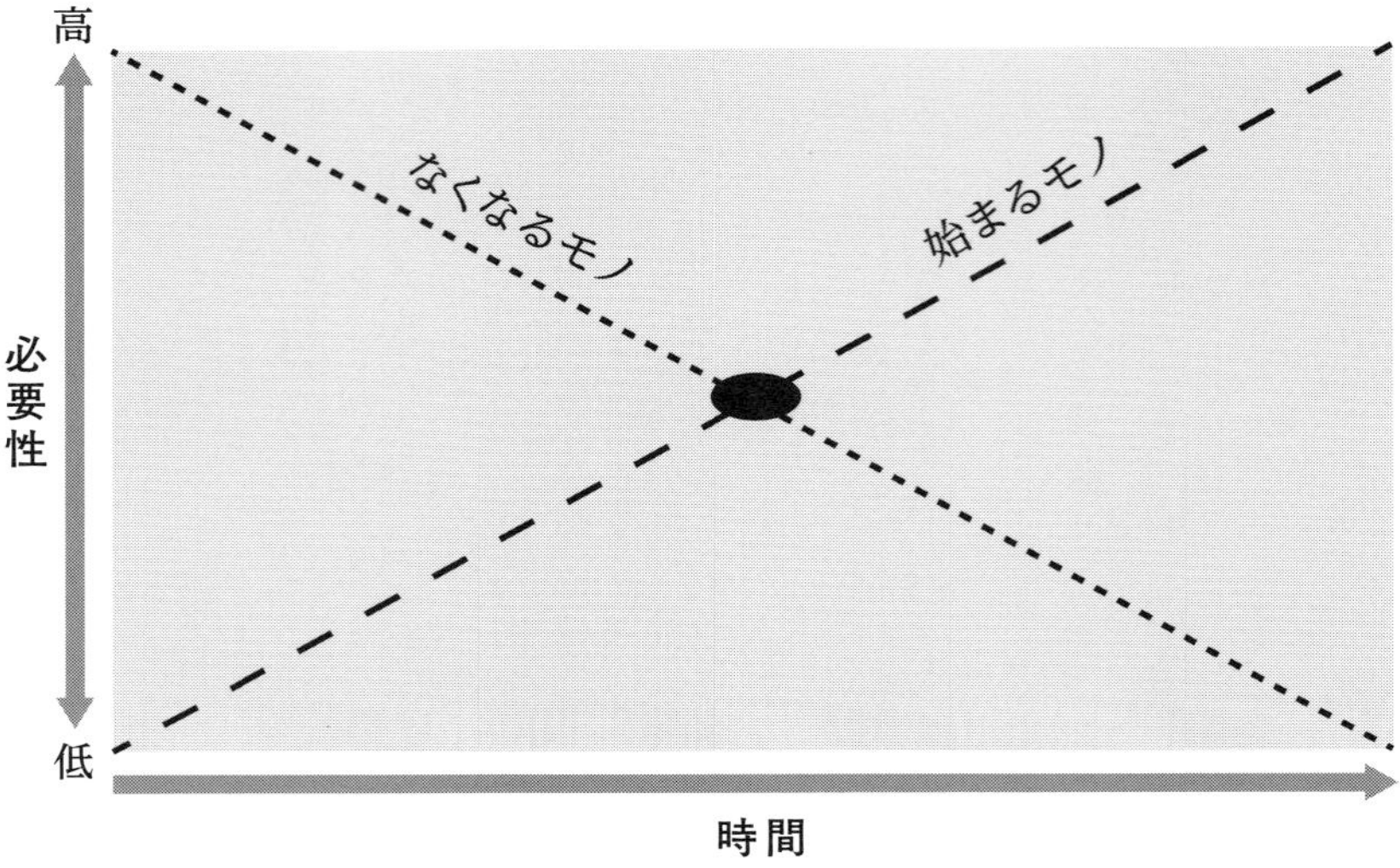


商品の寿命はわかりやすく申し上げると、次ページの図表のように5段階を経る。

時間が経過すると、大ヒットしている商品でも売れなくなるし、大人気の仕事でも人気がなくなっていくものである。

すべてのビジネスは、上図の「脳のX理論」で成立していると言ってもいいだろう。そして、「なくなる仕事」と「始まる仕事」が交差しているXポイントが物事の変わるタイミングになる。

どんな会社でも経験することであるが、今まで非常に順調にうまくいっていた仕事も、だんだんとニーズがなくなり、下降していくものである。

ビジネスだけではない。結婚も「脳のX

## 商品の寿命

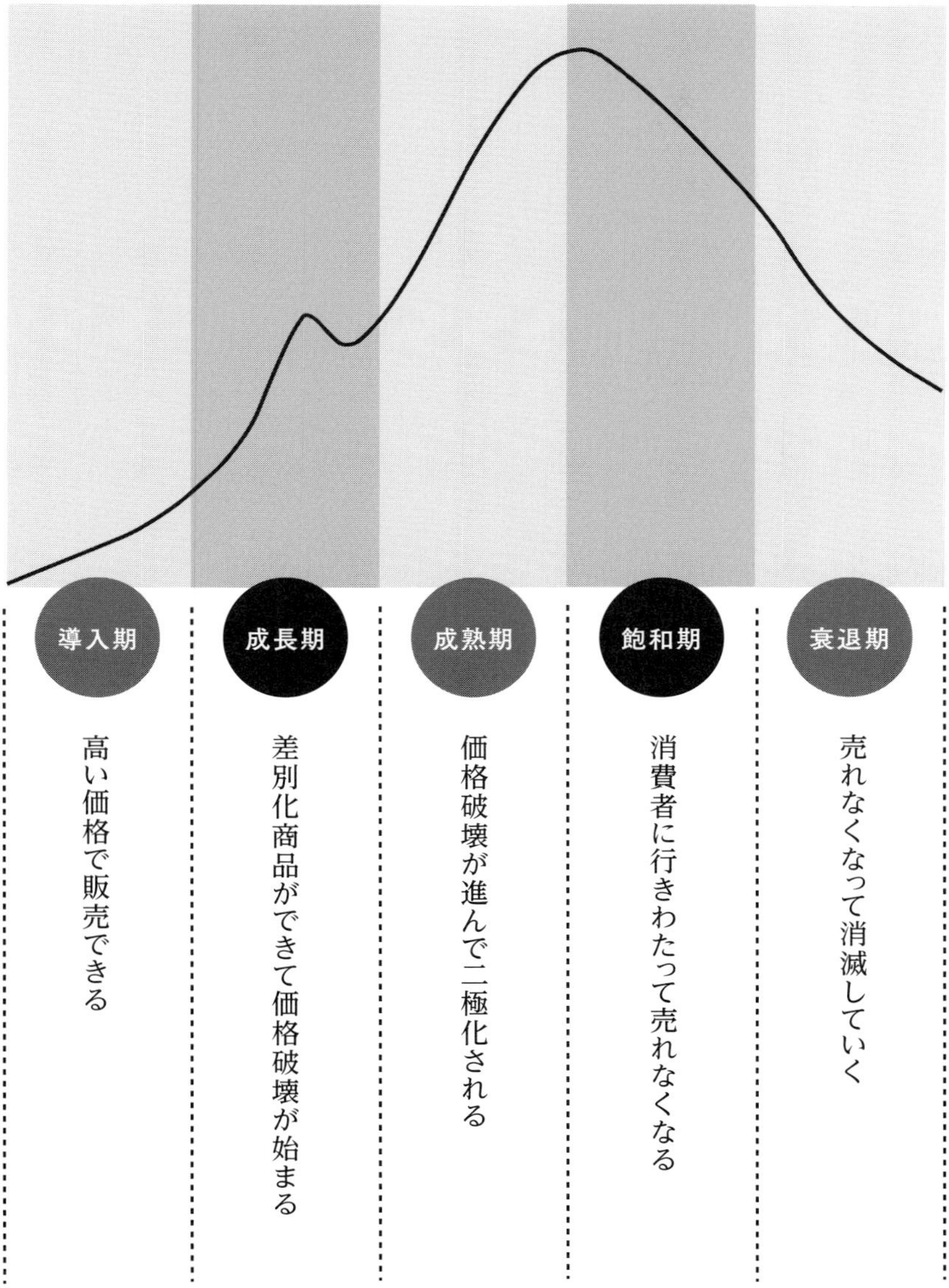
導入期
成長期
成熟期
飽和期
衰退期
高い価格で販売できる
差別化商品ができて価格破壊が始まる
価格破壊が進んで二極化される
消費者に行きわたって売れなくなる
売れなくなって消滅していく

理論」で成立している。

考えみてほしい。新婚当初は食べてしまいたいほどかわいく見えた奥さんが、結婚生活も1年目、2年目、3年目となっていくと、幸せ度が低下していく場合が多いだろう。かわいい「カナリア」だった奥さんが、気づけば世にも恐ろしい「ガナリア」に変身してしまうのである。

そして、Xポイントに到達すると、不満・不快は最高潮に達する。「おまえなんか、いらない！」「あんたこそ、出ていけ！」と爆発して、夫婦仲が最悪になることがある。しかし、交差ポイントを超え、高齢になると、不思議とまた夫婦仲が穏やかになり、関係がよくなったりするのである。

なぜ、最悪だった夫婦仲がよくなるのかと言うと……、あきらめるからである。「この人でしょうがないや」「この人でいいか」とあきらめる。夫婦の究極の愛とは「あきらめの愛」なのである。

経営においては、あきらめた段階というのは、一方で新しいことを始めるタイミングでもある。夫婦仲でも最高に苦しい時期がXポイントである。重要なのは、Xポイントに到達する前に「新しいモノ」「新しい仕事」「新しい夫婦関係」の種をまいておくことである。

今やっている仕事をやりながら、将来見込みのある次の仕事も同時進行で用意しておく。今の夫婦関係に不満があっても、幸せの種をまいておく。そうしておけば、不満が出ても、その先に新しい価値観や喜びが出てくるものなのである。

人工知能の普及でこれからなくなる仕事もたくさんあるが、これから新しく出てくる仕事もたくさんある。経営では、それを考えるのが大切なのだ。

たとえば、人類が宇宙にもっと行けるようになると、スペースパイロット、宇宙予報士など、宇宙に関わる職業が新しく出てくるだろう。場合によっては、宇宙建築家などという職業が生まれるかもしれない。

近い将来、今の仕事はなくなるかもしれない。その可能性もあるだろう。しかし、今は一生懸命やることだ。そして、次の展開に備えた一手を打っておくことだ。たとえ現在の業績が好調であっても、今の展開だけに満足していてはいけないと心しておいてほしい。

なぜなら、順調とは逆境の始まりだからである。売れる商品は売れなくなる。売れているモノが売れなくなる転換点がXの交差点、このXポイントが最高に苦しいときだと述べた。しかし、その先にこそチャンスがある。「これ以上、もう無理」「もう限界だ」という、多くの人があきらめるところで挑戦するその先にこそ、真の成功がある。苦しく困難な地点こそ、新しい成功へのスタートなのである。

　重要なのは脳である。人間の脳にも、この「脳のX理論」がある。

　超一流の人というのは、一般の99・9％の人が、「もうダメだ」「限界だ」「絶対無理」と思っているときに、「さあ、いよいよこれからだ！」とワクワクしている変な脳の持ち主なのだ。ピンチになると燃えるのである。

　片や、99・9％の人は、行き詰まるとやめてしまう。苦しいところで「無理だ」と思い、チャレンジをやめてしまうので、X地点からずるずると下降線をたどることになる。この線を描いてしまう経営者が多いのは実に残念なことだ。

　私たちは楽しいこと、面白いことに、ワクワクした気持ちで取り組むことは簡単にできる。しかし、苦しいこと、つまらないことにはなかなかワクワクした気持ちにはなれないものだ。

　世の中で物事を成し遂げていく超一流の人たちは、どんな状況になってもその状況を打破するために挑み、強気になって取り組むことができる人たちである。苦しいことでもワクワクとした気持ちで取り組む力を、私は「苦楽力《くらくりょく》」と言っている。

　一代で大成功する人には、必ずこの「苦楽力」がある。順調なときは、力のない人でも業績を上げられる。本当の経営は、逆境にあるときの対処で決まる。だからこそ、「経営者にとってやりがいがあるのは逆境のときである」と申し上げている。

どんなに苦しい逆境でもブレない心は、天運思考から生まれる。第1章の終わりに、「天との約束」をしていただいたのもそのためだ。

逆境のときに人間の脳は、自分のこと、目先のことしか考えられなくなってしまうと行き詰まってしまう。

大脳新皮質で決めた損得勘定だけでは、ちょっとしたことで心がブレてしまい、本当に苦しい地点を乗り越えていくことはできないのである。

根性とは性根である。どんなに困難な状況であろうと、それがたとえ灼熱の地の果てであろうと、あきらめることなくチャレンジし続けられる脳が一流経営者には必要なのだ。

苦しみから逃げるのではなく、苦しみに挑む心が、人や組織を成長させ、「次の新しい自分」をつくり出すのだ。真に苦しいときだからこそ、魂からの「天の声」が聞こえるのである。

苦しいときは、新しく楽しいことが始まる前触れである。何かが終わるときは、何かが始まる前触れである。

もしそのときがあなたに訪れたら、私がお話した「脳のX理論」を思い出して、前を向いてチャレンジを続けてほしい。苦しさをエネルギーに変えてほしい。苦しみをエネルギーに変えると、もっともっと強い自分になれる。

## 中小企業が行うべきは「感覚破壊」である

ではここから、人間にしかできないことを考えていこう。

人工知能やロボットなどによる「機械の人間化」が進む一方で、「人間の機械化」、つまり人間のＩＴ化の動きが進み出そうとしている。どういうことかと言うと、アップルウォッチなどのウェアラブル端末を身につけていらっしゃる方もいるかと思うが、人間がコンピュータと同化していくということである。

また、コンピュータは自分で自分をプログラミングすることで、放っておいても進化を続けていくことになるだろう。あるタイミングで機械が感情を持つときが来たら、人間はコンピュータに支配されるとまで言われている。

このような話をすると、多くの中小企業経営者の皆さんは、「もうダメかもしれない」「お先真っ暗だ」と思われるかもしれない。

だが、よく考えてみていただきたい。この先、リスクがあるのは、中小企業ではなく、大企業である。何百億円、何千億円と売上をつくっている企業は、雇用人数も多いし、大きく投資も行っている。だから、一気に方向転換して舵を切ることが難しいと言える。これからの時代は、ものすごい変化のスピードに経営が対応できるかどうかで、その後の発展が決まるのである。

中小企業は組織がそこまで大きくはない。組織内の価値観や意識統一がなされていれば、一気に変化することも可能だ。

ちなみに、社員数が１００人を超えると、企業の文化は変えづらくなるのが通常なので、規模が小さなうちから変化に強い社内意識を育てておくことが重要だ。この変化の激しい時代に生き残ることができるのは、まさに変化できる者だけなのである。

ここで、ＡＩ時代の新しい仕事をイメージする思考法を紹介しよう。

私の勉強会では、中小企業の成長に関して、以下の３つの重要なポイントをお伝えしている。

## 中小企業がAI時代に成長し続ける3つのポイント

1　無目的に大きくしない
2　競合と戦わない
3　焦らない

一つずつ説明していこう。

### 1　無目的に大きくしない

こちらは前述した通りのことであるが、大手になればなるほど小回りが利かなくなる。そのため、変化せざるを得ない時代では、かえって小さいほうがよいときもあるということである。

大量生産、大量消費の時代は、大手が大きな組織とお金を使って効率的に物事を進めてきた。この時代には大手のほうが有利だったであろう。価格破壊を起こすのも大手の戦略の一つであった時代だ。

これからのAI時代には、中小企業はよりよく生きるための商品やサービスに特化して、そこを尖らせていく経営が望ましいと言えるだろう。ただし、大きくする必要がある場合や、一時的に大きくする場合などはこの限りではない。

## 2 競合と戦わない

競合と体力をすり減らしながら戦っていると、その間に人工知能に仕事を奪われてしまいかねない。

だから中小企業は、中小企業にしかできない独自性を追求すべきである。大手が得意な「価格破壊」に対して、中小企業がこれからやるべきことは「感覚破壊」である。つまり、今までの価値観を捨て、まったく新しい価値を創造していくということである。

## 3 焦らない

中小零細企業は時代のスピードが速いからといって、焦ってはいけない。多くのメディアなどでは、「人工知能時代が来ると仕事がなくなる」「多くの企業が倒産する」などと情報発信をするだろう。

第2章で「情報は時に人を思考停止に陥れる」という話をした。このように、メディアや他人に操られてはいけない。じっくりと自社を分析して感覚破壊の一手を打つことをすすめたい。

## 「前提条件」を変えて新しい価値観を生む

では、どうしたら今までの価値観を捨てられるか、つまりAI時代の新しい仕事をイメージできるかと言うと、「前提条件」を変えればよいのである。「前提条件」とは、ある物事の前提となっている事柄、事項のことだ。

AIで考えると、今までは「人工知能がない」という前提条件だった。それを、「人工知能がある」という前提条件に変える。

次に「前提条件」に対しての「与件《よけん》」を行う。「与件」とは「与えられた条件」のことだ。その条件の中で、あらゆる可能性を探り、徹底的に分析するのである。一般の人が〝読み〟と言っている部分だ。

このように「前提条件」を変えて考えると、新しい価値観が出てくる。そうすると、「目標」が見えてくるのだ。

さらに、短期的・中期的・長期的に分けて戦略を変えていくことをするとよい。東京オリンピックに影響を受けるビジネスなどは、その事業の出口として数年間で業態変更することや、撤退するような短期的な戦略も可能性として考えておくことが必要になる。

一方で、中長期的には、危機管理を伴った戦略も必要である。これまで、どうしても希望的観測で期待を込めた経営計画を立てがちだったかもしれないが、人工知能時代にはそのような甘い判断・意思決定は通用しない。周到に分析して、しっかり予測した上で「目標」を設定することが必要になる。

しっかりとした分析を伴わない「目標」は、ただのお題目にしか過ぎない時代になっているのだ。

また、悪条件から新しい価値観、商品、サービスが生まれることもある。「品質がいい」「納期が早い」「技術力がある」というのが条件のいい「前提条件」である。小売店だと「立地がいい」も「前提条件」である。

それに比べて、人口の少ない立地、交通の不便な立地はハンディがある「前提条件」だ。

しかし、「インターネット販売」という「与件」で考えれば、ネットで大量に売るという方法もある。業種、業態を問わず、不利な前提条件だからこそ生まれる戦略もあるのだ。その結果、爆発的なヒットとなることも十分に考えられる。

まとめてみよう。「前提条件」を変えて、「新しい価値観」を生み出す方程式は次のようになる。

**「前提条件」→「与件」→「最高の目標」**

従来の常識を「前提条件」としていると、人工知能時代には敗者となる。「前提条件」を変えて、「感覚破壊」を起こせば勝者になれるのだ。

「前提条件」→「与件」→「最高の目標」という順序で分析して、「行動」「分析」を繰り返すことで、人工知能の時代でも生き残れる目標が設定できるはずである。

## 人工知能に負けない人間の脳の力

ぜひ、経営者の皆さんに考えていただきたいのは、人工知能にできることと、人工知能にできないことである。

お話してきたように、人工知能は人間よりも効率的だから、コストは下がる一方だ。逆に、人工知能にできないことは価値が上がっていくということになる。

これまで、計算や記憶、論理などを担ってきた「知性脳」（大脳新皮質）の仕事は、人工知能に置き換わっていくはずだ（次ページ図）。人工知能で代用ができないのは、感情や、本能にまつわることである。ここに関しては、人間のほうが優秀だ。人間の創造力は、人工知能にも勝るのである。

逆に言えば、これまで感情をあおって商売をしていたジャンルは、ＳＮＳやインターネット上のデータによって真実が暴かれ、売れなくなるだろう。今までは消費者が欲しくないものであっても、消費者の感情をあおって無理やり売り込んで購入してもらっていた。

## 人工知能に置き換わる脳

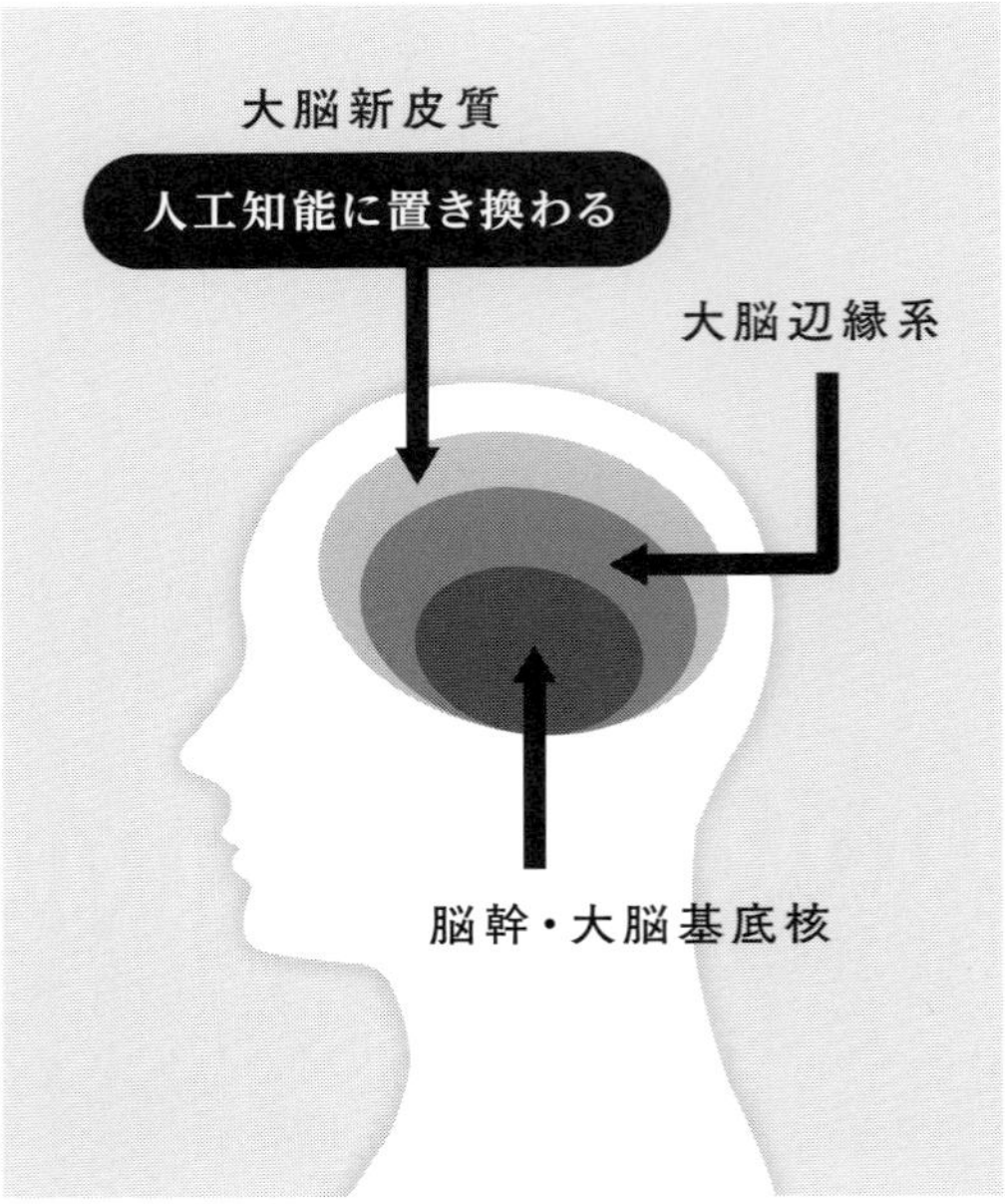


皆さんも、最近購入したもの、昨年購入したものを思い返してみてほしい。それらは、本当に必要なものだったただろうか。それとも、一時の感情の盛り上がりで、つい購入したものだろうか。今は使わなくなって置きっ放しの健康器具や美容器具などがあるご家庭も多いことだろう。

ところが、これからは情報が自動で整理され、比較され、人工知能が必要であるか不要であるかを決めてくれる。さらに、どれが最良かまでも選び出してくれるのである。

ニーズがあると思ってきたことは、実は錯覚だったのである。これからはどの消費者も人工知能によって錯覚しなくなるのだ。

これだけお話してしまうと、人間にはもやは打つ手がないようにも思えてくる。しかし、それだけではないのが人間の脳のすごいところなのだ。

これまで、計算や記憶、論理などを担ってきた「知性脳」(大脳新皮質)の仕事は人工知能に置き換え可能だという話をした。そこで、人間は人工知能にはできないことに注力すればよいわけである。

人間は正解だけでなく、「なぜそうなのか」を考える力がある。環境に応じて知恵を出し、工夫する力がある。愛すること、感謝すること、楽しむこと、感動することも人間にしかできない。人とつながり、新しい何かを生み出すのも人間の得意とすることだ。

大きくまとめると、次の力は人間が人工知能より優れている点だ。

**人間が人工知能より優れている点**

- 先を考える力＝先を読む力
- なぜそれを選択したのかを考える力＝思考の整理
- 無から有を生む創造力、直感＝本能的欲求
- 他喜力＝他人を思いやる力

私は本書で、「予感を信じよ」「魂の叫びを聞け」と、直感を信じることのすごさについて繰り返し述べてきた。直感を生むのは本能の脳であり、宇宙のように深いあなたの潜在意識であり、魂である。魂はあなただけでつくってきたものではなく、人類創世記からの堆積された宝であることも述べてきた。あなたはその大いなる宝の伝承者である。

「人工知能に勝つ」目的で、「愛しているフリ」「感謝しているフリ」「感動しているフリ」「人とつながっているフリ」をするなどということは、本能の脳には通用しない。「商品を買ってくれるから愛している」とか「仕事を頑張っているから愛している」とか、そのような評価を伴った都合の愛は、本能の脳にはすぐにばれる。

本能の脳は、相手の〝心の声〟を〝心の目〟でしっかりと見ているのである。

経営者の「本能の脳」、すなわち「魂」がこれからのＡＩ革命の時代を生き抜く命運を握っている。そして社員の皆さんの魂が人工知能に負けない仕事をつくるのだ。経営者の魂と社員の皆さんの魂の強い絆がＡＩに負けない強い組織をつくるのである。

指示されたマニュアルだけをこなすホテルマンは、人工知能に負けるかもしれない。仕方なく勤めている社員だけの集団は、人工知能に負けるかもしれない。知恵も工夫もないドライバーは、人工知能に負けるかもしれない。

しかし、親切で優しく最高のホスピタリティで家族のように待遇してくれるホテルマンは、AI時代であっても必要とされるはずだ。愛にあふれたドライバーは、高齢化社会で必要とされることも多いだろう。相手を思う「他喜力《たきりょく》」は、人間だけが持っているすごい力なのだ。

人類の脳は、これまでも不可能を可能にしてきた。できないことはないのである。ぜひ人間の力を信じてほしい。

# 第6章

# 天運で生きる

命がけで真の使命を果たすことに
人生の意義がある

一気通貫の法則
社会的成功と
人間的成功
他喜力
人生の三計
最後の伝達
心の契りの法則
無知の知

## 理念の大きさで成し遂げる大きさも決まる

さて、皆さんは本書の冒頭にあった質問を覚えているだろうか。

### ・あなたは、何のために生きているのか？

ここまで「天運の法則」について話をしてきた。あなたはこの質問の答えが得られたであろうか。命に代えてもやり抜きたい――そう思える「天命」に気づいただろうか。

皆さんには、自分の魂の声を聞き、人類の伝承・伝達を受け取り、先祖への感謝の思いを高めていただいた。

「あなたは、何のために生きているのか？」

冒頭で皆さんに質問したこの答えに気づくことが、経営者の真の使命につながることを十分に感じていただいていることと思う。

松下幸之助（写真：毎日新聞社）

ではここから、日本の大経営者である松下幸之助さんの話をさせていただこう。

皆さんは、「水道哲学」と呼ばれている経営理念をご存じであろうか。

これは、1932年（昭和7年）5月5日、松下幸之助が大阪の中央電気倶楽部に全店員168名を召集し、「社主告示」として「わが社の使命」を語ったものである。松下幸之助、38歳のときである。

産業人の使命は貧乏の克服である。
そのためには、物資の生産に次ぐ生産をもって、富を増大しなければならない。
水道の水は加工され価《あたい》あるものであるが、通行人がこれを飲んでもとがめられない。

それは量が多く、価格があまりにも安いからである。
産業人の使命も、水道の水のごとく物資を豊富にかつ廉価に生産、提供することである。それによってこの世から貧乏を克服し、人々に幸福をもたらし、楽土を建設することができる。
わが社の真の使命もまたそこにある。

――パナソニック　ウェブサイトより

この使命を達成するために、建設時代10年、活動時代10年、社会への貢献時代5年、合わせて25年を1節とし、これを10節繰り返すという250年計画を発表したというのである。計画の壮大さに会場は興奮のるつぼとなったという。

自分が、あるいは会社が儲かることだけに固執するのであれば、商品を水道水のように安い価格で提供するなどとは決して言わない。

この水道哲学を発表した昭和7年は、3月に日本が満州国をつくり、5月には五・一五事件で時の首相・犬飼毅《いぬかいつよし》が殺害された年である。さらに、その3年前の1929年には世界恐慌が起こり、その影響は日本にも及んで企業倒産が相次ぎ、大不況に見舞われて社会不安が増大している最中であった。

そんな不安に揺れる時代に発表されたのが、この「水道哲学」だった。これを聞いた当時の社員さんたちは強い絆で結束し、使命に燃えて、その勢いはとどまるところを知らなかったという話が残っている。

松下幸之助は「水道哲学」の発表から遡ること14年、まだ電灯さえ普及の途にあった1918年（大正7年）に「松下電気器具製作所」をたった3人でスタートさせた。23歳の松下幸之助、22歳の妻・むめの、15歳の義弟・井植歳男の3人である。

「アタッチメントプラグ」「二灯用差し込みプラグ」をはじめ、便利で安い配線器具を次々と生み出し、創業からわずか4年あまりで、従業員50名の中堅企業となった。そして1927年（昭和2年）に売り出したナショナルランプは大ヒット商品となった。ちなみに、ナショナルランプとは、「国民のランプ」の意である。

松下電気器具製作所を立ち上げてから12年目の1929年3月には、「松下電器製作所」と改称し、従業員1000人に達する企業のトップとなった幸之助は、まわりからは順風満帆に見えたことだろう。

しかし、幸之助は「真の経営とは?」「自分の事業の使命とは?」について考え続けたそうだ。そして、「生産につぐ生産で貧を無くす営みこそわれわれの尊き使命」だという答えを得た、というのである。一刻も早く、真の使命に基づく経営に入るために全店員に語ったのが先に紹介した「水道哲学」である（以上、パナソニックのウェブサイトを参考にさせていただいた）。

この「水道哲学」と呼ばれる経営理念については、私の著作『強運の法則』（日本経営合理化協会出版局）でも紹介させていただいた。

理念がなければ、それを実現させることもできない。そしてその理念の大きさ、深さに比例して、成し遂げる事業の大きさも決まる。極小メーカーを「世界の松下」に引っ張り上げた成功の源は、この理念にあったと言える。

「理念が確立されれば、経営はもう半分成功したようなものだ」と松下幸之助は言う。

「何のためにこの仕事をしているのか？」

「社会にどう貢献するのか？」

「何のために会社があるのか？」

「未来の人たちに何を残すのか？」

これらの質問への答えが、経営の根っことなるのだ。そこに理念があるのだ。

理念がなければ、事業の全体構想（グランドデザイン）はつくれない。経営の設計図がなければ、長期的・総合的なビジョンが描けないので、戦略、戦術、財務戦略に落とし込むこともできなければ、ビジネスモデルもつくれない。

「何のために存在するのか？」という企業の存在理由＝企業の真の目的を、まず決めなくてはならないのだ。

わかっていただけるだろうか。経営理念が存在し、グランドデザインという大きなベクトルが組織の能力を引き出す状態にあれば、どんな荒波の中でも組織は転覆することなく、舵取りを間違えることはないのである。

## 2つの視点で考える「一気通貫の法則」

私が経営者の皆さんにいつも申し上げているのは、「経営計画書なき経営は恐怖の奴隷制度なり」ということである。

私は、長年にわたり、多くの経営者の皆さんとお会いしてきたが、この大切な経営計画書ができている経営者は、概ね１％くらいしかいらっしゃらないように思う。

驚くことに、「経営計画書をつくったことがない」という経営者もいらっしゃる。たとえ創業1年目であっても、一人の会社であっても、経営計画書は必要である。どこに向かうかによって、戦術・戦略も変わるからである。

成功する１％の経営者が行っているのが、「一気通貫の法則」である。ここから詳しく説明していこう。

まず優秀な経営者というのは、必ず物事を俯瞰して見ている。つまり、鷹が上空から獲物を狙うように、〝上から〟物事を見ているのである。私は、これを例えて「鳥の目」と言っている。

この「鳥の目」で見ることで、グランドデザインが描けるのである。

私は、「戦術・戦略がいくら優れていても、グランドデザインのない会社は立ち行かない」とお話している。戦術・戦略は、数値目標を伴う実績向上のための手法だが、グランドデザインはその根底にある企業の理念である。

戦術・戦略は、時流や市場などに合わせて変化するものである。しかし、理念は企業の存在意義であり、時流や市場に左右されないものである。

まず、「何のためにこの仕事を行うのか？」というグランドデザインがあり、そこに理念がある。

グランドデザインとは、「自社の目指すべき姿」であり、「どんな会社になりたいのか？」「どんな価値を世の中に提供したいのか？」という自社のビジョン、全体構想のことだ。組織というのは、このグランドデザインが原動力であり、組織構成員一人一人の結束力も、グランドデザインなくして生まれないのだ。

このグランドデザインを達成するためには、中長期計画の戦略を立てて、細かな戦術を組むことが必要だ。これが、経営計画書である。

経営計画書をつくらずに物事を進めようとする経営者の皆さんは、何をやったらいいのかわからず、奴隷のようになっていくのである。

多くの経営者の皆さんは、理念はあるが、戦略との関連性がなかったり、戦略は考えているのだが、戦術と連動していなかったりする。

世の中にはさまざまな勉強会や経営指南書が数多く出版されているのに、それらを勉強してもなぜ成功できないのかと申し上げると、多くの経営者が経営計画書を理屈の脳だけでつくっているからである。

会社というのは、年商などの数値目標と、それを達成するための戦術・戦略さえあれば動くと勘違いしている経営者もいるが、それは大きな間違いである。目先のことばかり考えていることを私は「虫の目」と例えている。「虫の目」ばかりで考えている経営者は、何年経っても成功することはできないだろう。

経営の根幹にグランドデザインがなければ、組織はつくれない。グランドデザインによって、どのような社員を採用するのか、どのような会議をするのか、どのようなオフィスにするのか……など、すべてが連動してくるからだ。

もちろん物事を成し遂げるためには、達成目標の設定は必須である。しかし、その達成目標も、グランドデザインや経営理念、経営の目的に支えられていなければ、社員・スタッフが一つの方向に向かって情熱的に突き進むことは難しいのである。

つまり、「鳥の目」で全体を見て、「虫の目」で非常に細かく詰めるという両方ができて初めて、大きく成功できるのである。

これを「一気通貫の法則」というのだ。

「一気通貫の法則」においては、人工知能時代にどう対応すべきかの判断も含めて、グランドデザインから企業理念、戦術・戦略まで、すべてがつながっている。人間の3層の脳のすべてを使うのが、真の「一気通貫の法則」なのである。

どういうことか説明しよう。この本の冒頭で、「天運の法則」は、「強運の法則」「繁栄の法則」と三つ巴の関係にあると申し上げた。魂に問いかける「天運の法則」で理念を得て、大脳新皮質に働きかける「強運の法則」で戦略・戦術をつくり、大脳辺縁系に働きかける「繁栄の法則」で組織をつくり、この3つが連動して初めて、真の「一気通貫の法則」になるということである。

グランドデザインというのは、未来から現在へとつくっていくものだ。未来の最終目的地は「グランドデザイン」であるから、まずはこのグランドデザインを実現するための長期計画、年商など、組織の方向性を決めていく。それから、長期計画を達成するための商品やサービスの開発、販売戦略の戦術・戦略を勘案して、人・モノ・金の面で打つ手を具体化していくのだ。

つまり、脳の3層をフル稼働しながら、次ページの図のような順番で経営計画を描くのである。

こうすることによって、すべて連動したブレのない経営計画がつくれるのである。

一気通貫の法則

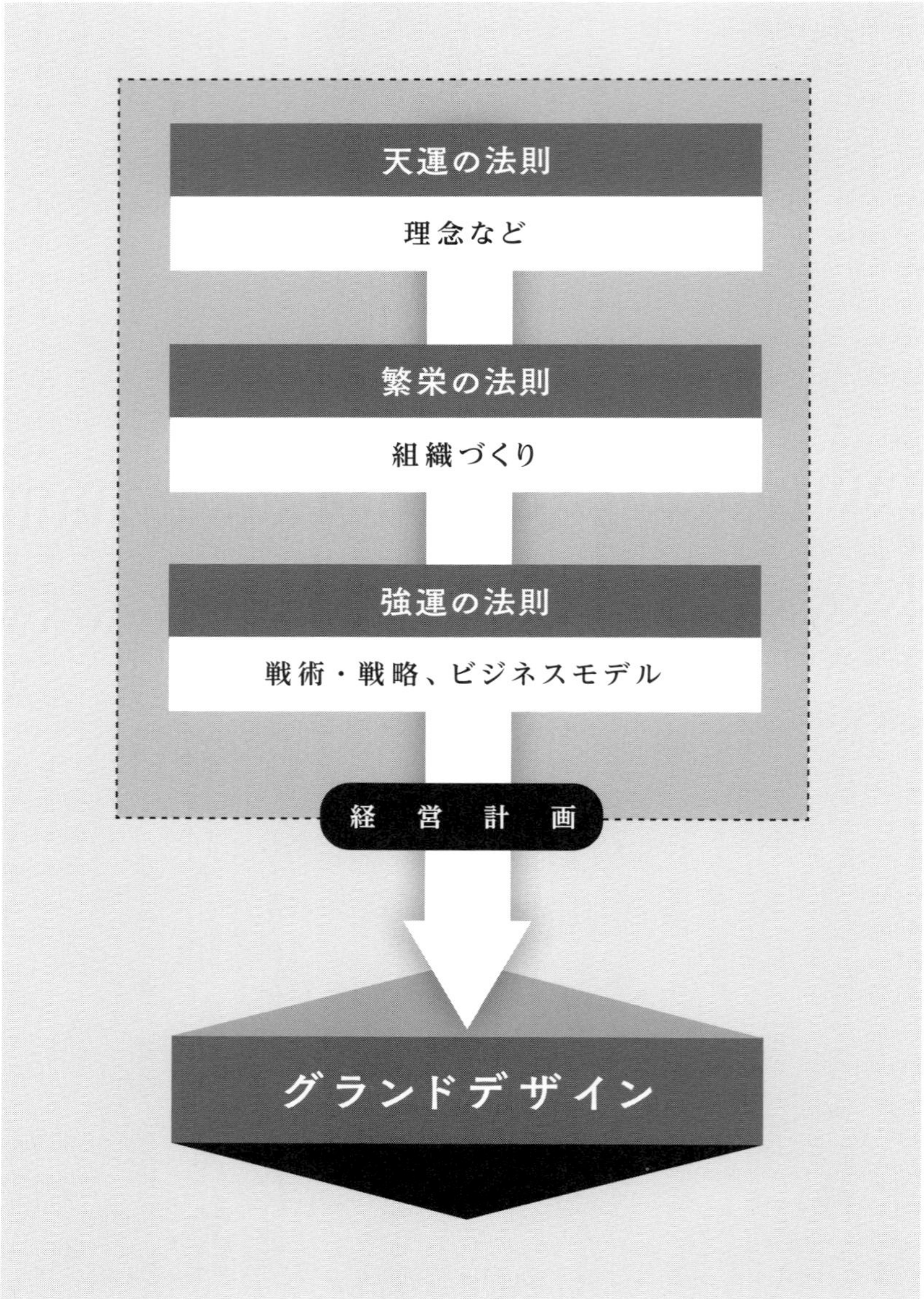

## 大きな理念に向かって徹底的に詰める

「一気通貫の法則」では、「鳥の目」を使って全体構想ができたら、それを実現するために組織づくりから詰めていくことを説明してきた。グランドデザインを実現するには、外見（見栄え）を気にするよりも、内側を固めなければ意味がないのだ。会社は家族である。家の中を固めてこそ、外があるというわけだ。

これは「繁栄の法則」で行うところであり、『人望の法則』（日本経営合理化協会出版局）という本で詳しく述べたので、ここではあらためて簡単に説明させていただこう。

物事の繁栄は木に例えられる。『自助論』の著者サミュエル・スマイルズのこういう考え方がある。

「よい種を畑に蒔《ま》けば必ず根づき、成功の枝が伸びていく事を信じて働かねばならない」

繁栄という木については冒頭でもお話したが、大切なことなので、もう一度説明しておきたいと思う（34ページ図参照）。

繁栄の木は、まずはしっかりと土に根を張ることで根づく。これが、第一法則の「根の法則」である。グランドデザインや理念が組織の根に当たる。

それから、根が土の中にしっかりと張ることで、木の幹の部分が成長してくる。そして、やがては太くて立派な幹になる。これが第二法則の「絆の法則」である。幹部や社員としっかりした強い絆をつくり上げるのである。

やがて立派な枝に花実がなるのが、第三の法則の「分の法則」である。分の法則とは、自分の役割をしっかりと行う義務と責任のことである。

私が大切にしている言葉がある。

「守分安命《しゅぶんあんめい》　順時聴天《じゅんじちょうてん》」

これは、「分不相応なことはせず、分をわきまえ、分を守りなさい。そうすれば命は安全である。そして、素直になって、時には天の声を聴きなさい」という先人の教えである。天の声とは、心配してくれる親や家族やまわりの人たちの声だ。「守分安命　順時聴天」を魂に刻んでいただき、驕りと慢心が出そうになったら思い起こしていただきたい。

さて、経営者は組織づくりを行いつつ、つくり上げたグランドデザインを下から上に向かって具体的に詰めていく作業が必要となるわけだが、「どうすれば達成できるか」「課題は何か」と分析して、嫌というほど徹底的に詰めていかなければ実現は難しい。

宅急便の生みの親である小倉昌男《おぐらまさお》氏は「経営者にとって一番必要な条件は、論理的に考える力をもっていることである」（『経営学』小倉昌男著／日経ＢＰ社）と言っている。

具体的にどのように詰めていくかと言うと、グランドデザインは未来から現在へとつくったが、今度は現在からゴール（未来）へと詰めていくのである。人・モノ・金の面で打つ手を具体化し、商品やサービスの開発、販売の戦術・戦略を具体化していくのだ。その際、「捨てるもの」「新たに注入するもの」を検討することが必要となる。そして当然、最終目的地は「グランドデザイン」（理念など）である。

ビジネスモデルは、戦略、戦術、財務の3本柱から成る。この3つは互いに絡み合っていて、どれが欠けてもビジネスモデルは成立しない。戦略、戦術、財務を勉強してこそ、安定した企業になり、収益性の高い成長企業に育てることができるのだ。それによって、安定戦略から成長戦略、将来を見越した将来戦略が組めるようになるのである。

さらに、ビジネスモデルをつくるために必要となるのが、分析力である。収益性、成長性、将来性、競合に対する優位性などをあらゆる面から分析・検証して、仕上げていくのである。

## 図に乗った運は寿命が短い

さて、経営者には陥りやすい特性があるので、ここで触れておきたいと思う。

事業が順風満帆に進んで大きな利益が出ると、自分には運があると思ってしまう経営者は多いものである。自分ほど運の強い人間はいないとうぬぼれてしまうのだ。

面白いことに「図に乗った人間」の思い上がった脳も、〝自分は運がいい状態〟になっている。それで、何をやってもうまくいき、傲慢になっていくのだ。図に乗って思い上がった人間の目には、周囲がバカに見えてしまうだろう。他人の長所やすごさなど、まったく目に入らない状態だと言える。

「運がいい」と思っていると、たとえそれが思い上がりであっても、イメージや思考、感情が目標に対してプラスになり、ウキウキワクワクするメンタルビゴラス状態が簡単につくれてしまう。だから、面白いようにビジネスもうまくいく。これが、図に乗った人間の恐ろしさである。

このような図に乗った状態になると、つい余計なことにも手を出したくなる経営者も多い。先にお話したように、変革の時代には、「脳のX理論」を使って新しいビジネスの準備をしてくことは必要である。しかし、何の見通しもなく、「オレ様の判断に間違いはない」とばかりに、根拠のない自信だけで本業以外の事業や投資に手を出すと必ず失敗するようになっている。

経営をしていく上で、多少無理をしてでもやらなければならないこともあるだろう。しかし、自分の「分」をはるかに超えたことをするのは、「無理」ではなく「無茶」である。無茶には、必ずと言っていいほど崩壊が待っているのだ。

図に乗った人間の運は長くは続かないものだ。なぜなら、いい気になって思い上がっている人間は必ず孤立するからである。私の知る限り、孤独でありながら運のいい人は一人もいない。一人ぼっちと運は両立しないのである。

そして、ある程度成功をつかんだ人は、思考が停滞したり、燃え尽き（バーンアウト）状態になったりすることがよくある。図に乗り、「自分は優秀だ」「自分は正しい」と思い上がってしまうのだ。

何度もお話しているように、自分が正しいと思ってしまうと、脳は思考停止に陥る。そして、他人の意見に耳を貸さなくなる。その結果、経営者の慢心が、企業経営に悪影響を及ぼしてしまうのだ。

強運には絶対に素直さが必要である。他人の言葉に謙虚に耳を傾ける素直さが、正念場では必ず必要になる。しかし、傲慢になり、思考停止に陥った人間は、他人にも自分の魂にも素直になれず、チャンスを失うことになる。

破竹の勢いで増収増益を続ける新興企業や、堅実経営で知られ、「名門」と呼ばれる大企業でも、先を読み誤るとすぐに巨額の赤字になって倒産する時代である。経営者の皆さんには、驕りと慢心を戒めていただきたい。

人間とは愚かな生きものである。多くの場合、大切な人に迷惑をかけ、大切な人を裏切り、大切な人に嘘をついて生きている。その罪深い己から逃げずに、その己を直視し、愚かな己を認め、悔い改めようとしたとき、「何のために生きるのか？」「何のために仕事をするのか？」「何のために経営をするのか？」、そして「何をしなければならないのか？」が、はっきりと見えてくるのである。

## 後先順位を決めることで優先順位が絞れる

「一気通貫の法則」で下から上に詰めていく際は、不要なものは捨て、優先順位を設けて、力の集中を図るべきである。やるべきことがたくさんあるときの優先順位について、アップルコンピュータの創業者の一人であるスティーブ・ジョブズのエピソードが参考になるので紹介しよう。

かつてジョブズは、ナイキのCEOマーク・パーカーに、電話で次のような話をしたという。

集中するというのは、集中すべきものに「イエス」と言うことだと誰もが思っている。だが本当はまったく違う。それは、それ以外のたくさんの優れたアイデアに「ノー」と言うことだ。選択は慎重にしなければならない。私は、自分がやってきたことと同じくらい、やらなかったことに誇りを持っている。イノベーションというのは、1000の可能性に

「ノー」と言うことだ。

――「日本経済新聞」(２０１１年5月26日付)

経営では優先順位が必要だということは、誰でも理解していると思う。優秀な経営者は優先順位をつけるのが実にうまい。優先順位が低いことはやらないという、その軸が見事にぶれないのである。ところが、優先順位が高いものが集まると、とたんにその順番があやふやになってぶれてしまう人がいる。

優先順位が高いものがたくさんあるということは、思考が広がっている状態である。絞り込む作業を行うことで、真に優先順位が高いものを決めていかなければならないのだ。

私の勉強会では、グランドデザインや経営理念を考えていただく際に、経営者の皆さんにこのような質問をさせていただく。

「これまで最優先にしてきたこだわりを思い出してください」

そのとき、ただ漠然と思い出そうとしても、グランドデザインや経営理念に結びつけにくい。だから、「こだわってきたからこそ、やらなかったこと」「こだわってきたからこそ、やめたこと」というような設問で考えていただくようにしている。

経営では、やるべきことばかりに意識が向かいがちである。もちろん、やるべきことを意識するのは当然だが、逆から物を見る思考こそ大事なのである。

たとえば、3年後に今よりも年商を数倍に上げたいとしよう。年商が今より上がるということは、新しい事業に取り組む必要があるだろう。そのとき、経営理念に則して考えて、「捨てる」ものはあるかという思考も持たなければならないのだ。

優先順位の絞り込みに有効な思考法が、後先順位を決めるということである。皆さんにも「何をやらないか」を決めていただきたいのだ。

これが明確になると、本当の優先順位が明確になる。時間は有限である。してはいけないもの、後回しにするものを判断できないと、優先順位の一番に力を入れられなくなってしまう。

後回しにすべきことが先になってしまうと、瞬発力がなくなる。優秀な経営者は、後先順位もきちんとつけることができるから、集中力と瞬発力があるのである。

「やるべきこと」と「やるべきでないこと」を決めるには、先ほどお話しした「有無・無有思考」が役立つ。「有無・無有思考」で優先順位と後先順位を詰めていくと、経営に本当に必要なことが見えてくるのである。

## 3層の脳を使って2つの成功を目指す

経営者がやるべきことについて、さらに続けよう。

私は多くの経営者に対して、「社会的成功」と「人間的成功」の2つの成功を同時に追求せよと申し上げてきた。「天運の法則」で、この「社会的成功」と「人間的成功」を追求すると、3層の脳を使うことになる。

「社会的成功」とは「人生の目標」であり、「人間的成功」とは「人生の目的」である。目標と目的はとてもよく似ている。けれど、この2つには、実は天と地ほども大きな違いがあるのだ。

「社会的成功」とは、私たちが「成功」という言葉で思い浮かべるようなもので、競争原理に基づいて勝ち取られる。地位や名誉やお金の獲得、「会社を日本一にする」とか「上場する」「業界トップになる」などの目標は、冷静な「理屈の脳」が考え出すものである。

大きく成功するには、自分の欲求を高いレベルにしておくことが必要で、欲と野望が大きければ大きいほど、目標も高くなり、大きく成功する可能性は高くなる。さらに経営者としての能力が向上して、人生もおもしろくなる。

大きな野望を達成するためには、ビジネスモデルをつくり、戦術・戦略などを用いたお金儲けの仕組みづくりが必要だ。グローバル化された社会で所有資産をお金に変えて、収益を上げていくには、するべき努力と勉強を徹底させなければならない。「虫の目」ですべてを厳しく詰めていくのである。

「社会的成功」とは、競争に勝たなくては得られないものばかりである。別の言い方をすれば、他人に勝って優越性を獲得したいという欲求である。

しかし、優越性の獲得とは、まったく違った種類の幸せがある。それが、「人間的成功」だ。「人間的成功」とは、愛情や人間性、心の成長など「人とのつながりという原則」に基づいて得られるものである。これは「人生の目的」と言い換えることができる。目的は目標と違って、自分の脳の中から生まれるものだ。

「人生の目的」は私たちに「生きる意味」を与えてくれる。信念と勇気を与え、逆境を乗り越えていくエネルギーの源にもなるものだ。この目的の持ち方一つで、まったく違う一生となるだろう。

「人生の目的」を持たない者は、たとえ「社会的成功」を達成し、物質的に恵まれていても幸福感は味わえない。

戦後の日本は、焼け野原から復興し、飛躍的な経済成長を果たした。しかし、世界の幸福度ランキング（『2016年度世界幸福度報告書』）を見ると、157カ国中53位という結果になっている。

なぜ、日本は豊かになったのに、幸福度は低いのだろうか。

私はこう考えている。経済成長率が高まると家族の結束が弱くなる傾向にある。日本は戦後、家族のあり方が大きく変貌して、親子中心の家族から、夫婦中心の核家族が主体となり、都市部では3世代同居の家族も少なくなった。また、近所付き合いや人との交わりも恐ろしいほど少なくなり、人が助け合う機会も減って、孤独感が増している。そのために幸福度が低下しているのではないだろうか。

「一人ぼっちは危ない」

私は、今から15年ほど前に出版した『面白いほど成功するツキの大原則』（現代書林）にこう書いた。人間は一人になると「分離不安」に陥る。分離不安とは心理学の用語で、乳幼児が母親という唯一安心できる世界から引き離されたときに襲われる激しい不安のことである。大人になっても安心できるつながりが失われると分離不安に陥る。

経営者はこの分離不安に陥りやすい。なぜなら、効率的に大きく成功することを目指して、ビジネスモデルや戦術・戦略だけを勉強する経営者は、人とのつながりを見失いやすいからだ。

何でも人工知能に置き換えられ、人との関わりが減っている現代社会でこそ、経営者に「天運の法則」が必要となる。「天運の法則」ができていれば、大切な人をおろそかにするという人の道理にはずれたことは起こらない。しかも、確信を持って度胸のある決断ができる。自然と「社会的成功」と「人間的成功」の2つの目標を掲げることになるはずだ。

ビジネスモデルを考えるときも、天運思考で大切な人を喜ばせようとするのか、金儲けだけを考えるのかでは、商品もサービスも、つくり方や宣伝も異なってくる。

今後の社会は仕事の多くがＡＩに取って代わられるであろう。ＡＩが考えも及ばないような創造力と愛と思想にあふれた、人を喜ばせるビジネスなら、この時代でも怖くはないのである。

天運思考の人たち同士は協力者になりやすいと言える。なぜなら、運が運を呼ぶネットワークを形成して、天運の循環を生んでいくはずだからだ。

## 真の「他喜力」で天運が巡り出す

前にお話したように、人を喜ばせる「他喜力」は、「天運の法則」の絶対条件である。「一気通貫の法則」でグランドデザインをつくるときにも、「他喜力」は欠かせない力となる。

松下幸之助は、産業の発達を図り、社会生活の向上に貢献することを使命としていた。その脳裏には、自社の商品がお客さんの生活をよりよくするイメージが明確に浮かんでいたはずである。使命に燃えて生き生きと働く社員の姿も見えていたことだろう。

社員の喜ぶ笑顔、お客さんの喜ぶ笑顔をつくるために、商品やサービスがあり、グランドデザインや経営理念があり、ビジネスモデルがあり、経営計画があり、社員教育があるのである。「他喜力」のないところに「一気通貫の法則」はないと断言できる。

皆さんの会社では、金銭的報酬以外の喜びを、どれだけ人に与えているだろうか。お客様、取引先、社員をどれだけ喜ばせているだろうか。

他人を喜ばせたい――そう思えるのは一つの能力である。

人には喜びを感じる力があるが、その力には個人差がある。大きく成功する経営者は「他人を喜ばせて喜んでもらえる喜び」を感じる力が大きい。

他人を喜ばせると、自分がうれしくなる。だから、もっと喜ばせたくなる。この循環が「他喜力」をますます強めていく。喜びを感じることによって扁桃核が「快」になり、その繰り返しで脳が強化されていくのである。

私は、喜びを感じる力のことを「喜感力《きかんりょく》」と呼んでいる。そしてこの「喜感力」には2種類ある。

一つは自分を喜ばせる「自喜力《じきりょく》」である。もう一つは今お話した「自分以外の人」を喜ばせる「他喜力」である。

さらに、「自喜力」にも「自分で自分を喜ばせる喜び」と「自分以外の人に喜ばせてもらう喜び」の2つがあり、「他喜力」にも、「他人を喜ばせて感謝される喜び」と「他人を喜ばせて喜んでもらえる喜び」の2つがある。

「自喜力」の「自分で自分を喜ばせる喜び」とは、「事業が成功して金持ちになれてうれしかった」「最高級ステーキを食べてうれしかった」などである。

「自分以外の人に喜ばせてもらう喜び」とは、「仕事を手伝ってもらってうれしかった」

**人間を動かす「喜びの力」**

| | | |
|---|---|---|
| 自喜力 | 1 | 自分で自分を喜ばせる喜び |
| | 2 | 自分以外の人に喜ばせてもらう喜び |
| 他喜力 | 1 | 他人を喜ばせて感謝される喜び |
| | 2 | 他人を喜ばせて喜んでもらえる喜び |

「欲しいプレゼントを買ってもらってうれしかった」などである。

「自喜力」というのは、自我の欲求を満たす行為に過ぎない。脳は自我の欲求が満たされ続けると飽きるという性質があるので、これは限界のある幸せなのである。

「自喜力」に対して「他喜力」は限界のない喜びである。前述のように、「他喜力」も2つに大別できる。

一つは「他人を喜ばせて感謝される喜び」、もう一つは「他人を喜ばせて喜んでもらえる喜び」である。

前者は「電車で席を譲ったら『ありがとう』と感謝されてうれしくなった」などである。

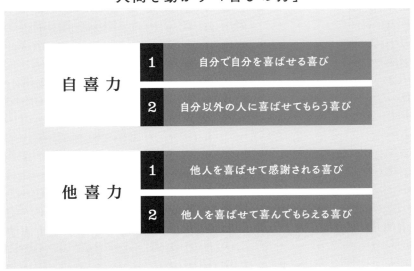

後者は「お客様が心から喜んでくれてうれしかった」というようなことである。「他人を喜ばせて感謝される喜び」には弱点がある。それは「感謝の量」が足りないと、不満を感じるようになるということだ。これに対して、「他人を喜ばせて喜んでもらえる喜び」とは、見返りを求めない純粋な人間の感情である。

人間には他人の幸せを共有できる素晴らしい才能がある。他人を喜ばせることこそ、商売の本質である。

商売とは、相手の脳、顧客の脳、ユーザーの脳、消費者の脳をいかに快にするかの戦いとも言えるだろう。

成功者とは、人をたくさん喜ばせた人たちであり、成功できない人は、あまり人を喜ばせられない人たちなのである。

自分だけが儲けるために「自喜力」で消費者の脳を快にしようとしても、お客さんの脳にはその本音がバレてしまう。一方、「お客さんを喜ばせたい」というモチベーションで行えば、単なるテクニックではなくなる。

ビジネスでは不満を解消するだけでは、お客さんに満足してもらえない。お客さんの期待を超える喜びを提供することが重要になる。喜びを創造してお客さんの脳を魅了するのである。

また、逆境や大ピンチを乗り越えられるのも、この他喜力である。私たちの脳は、夢や大きな目標を目指すと、必ず「心の壁」にぶつかったり、逆境に追い込まれたりするものである。

成功しても、失敗しても「心の壁」は現れる。失敗すると、脳は失敗体験を学習して、脳がマイナスイメージ・マイナス感情・マイナス思考に陥り、バーンアウトの状態になってしまう。逆に成功すると、今度は脳が満足してしまい、燃え尽きてしまうという特徴があるのだ。つまり、成功しても失敗しても、脳は燃え尽きやすいのである。

優れた業績を上げ、成功の道のりを歩いてきたにもかかわらず、天災や大恐慌などに見舞われ、すべてを手放さなければならなくなることもあるだろう。また、取引先の突然の倒産などといったことも起こるかもしれない。

けれども、ビジネスの世界でナンバー1と誰からも認められるような人は、例外なくこの逆境を乗り越えている。

自分以外の誰かの喜びを追求していると、自分の苦労など気にならなくなるのである。誰かの幸せを思うことが根気となり、逆境を乗り越える勇気がわいてくるのだ。一時的な感情や環境要因に左右されず、目標達成への意思が揺るがなくなるのである。知恵やアイデアがどんどん生まれ、それに共鳴し、助けてくれる人も増えていくことだろう。

「自喜」には限界があるが、「他喜」には限界がないのだ。自分だけを喜ばせようとしてガツガツしている人には人が近寄らないが、誰かを喜ばせようとワクワクしている天運思考の人のところには、人が集まってくるのである。出会いがツキを運んできて、運になるのだ。

損得だけの経営理念からは他喜力は生まれない。経営理念の大もとに「人を喜ばせたい」という他喜力が込められていると、仕事が楽しくて仕方なくなる。誰かを喜ばせよう、あの人の笑顔が見たいというアイデアがわき出てくるのだ。

他喜力は集結することによって、さらに大きな力となる。個人が発揮する他喜力で会社がよくなり、お客様に喜ばれ、取引先にも喜ばれるのだ。真に豊かで幸せな人生をつくっていくのである。

ここで質問をさせていただく。

**・あなたは、誰を喜ばせたくて経営しているのか？**

この質問への答えが、経営者の真の使命につながる。

「天運の法則」を実践し、魂の純粋性を研ぎ澄まして、「人に喜んでもらえるのがうれしい」という人間の本能をオンにしておくのである。

こうして、魂の底から誰かの喜びを願い、行動するとき、天運が巡り出すのである。

## 何を残すかが「真の使命」につながる

グランドデザイン、経営理念を考えても、なかなか腑に落ちるものが思い浮かばないという人もいる。そのようなときは、自分の魂に次の言葉を問うてみていただきたい。

- **あなたは後世に何を残したいだろうか？**
- **未来に生きる子孫に何を伝えていきたいだろうか？**

この答えが、経営者としての使命につながるはずである。

さて、人間には3種類の人間しかいないというお話をした。「未来を考える人」「現在を考える人」「過去を考える人」の3種類である。

産業革命以後、それまでの常識では考えられなかったことに挑戦する「未来を考える人」たちが次々と生まれて、世の中に変革を起こしてきた。

スティーブ・ジョブズ（写真：毎日新聞社）

今世紀を代表する「未来を考える人」と言えるのが、先ほどもエピソードを紹介したアップルの創業者の一人であるスティーブ・ジョブズだ。
エジソンやライト兄弟に並ぶ人物として、その名は歴史に残るだろう。手元にジョブズの言葉があるので紹介しよう。

なにが僕を駆り立てたのか。クリエイティブな人というのは、先人が遺してくれたものが使えることに感謝を表したいと思っているはずだ。僕が使っている言葉も数学も、僕は発明していない。

——中略——

僕がいろいろできるのは、同じ人類のメンバーがいろいろしてくれているからであり、すべて、先人の肩に乗せてもらっているからなんだ。そして、僕らの大半は、人類全体になにかをお返ししたい、人類全体の流れになにかを加えたいと思っているんだ。それはつまり、自分にやれる方法でなにかを表現するってことなんだ——

——中略——

僕らは自分が持つ才能を使って心の奥底にある感情を表現しようとするんだ。僕らの先人が遺してくれたあらゆる成果に対する感謝を表現しようとするんだ。そしてその流れになにかを追加しようとするんだ。

そう思って、僕は歩いてきた。

——『スティーブ・ジョブズⅡ』（ウォルター・アイザックソン著　井口耕二訳／講談社）

さまざまな分野で世界の頂点に立つ「未来を考える人」は、共通して自分の中の何か理屈ではない部分によって勝ち得てきたものがあることに気づく。それを知りたくなり、そこに近づきたくなる。

ジョブズは人間の「心」「魂」に気づいていたのだと思う。彼は、仕事を通じて世の中に大きな影響を与え、そして自分の子孫へ何を残すのかなど、魂の深い部分で感じたことを受け取っていたのだと思う。

人類の伝承と伝達、祖先への感謝に気づいて初めて、自分も歴史の中に生きる一人だという実感が得られるのである。

## 人生を俯瞰すると何をすべきかが見えてくる

本書の序で『論語』にある孔子の言葉を紹介させてもらった。

「五十にして天命を知る」

「七十にして心の欲する所に従へども、矩を踰えず」

## 一生の成長曲線

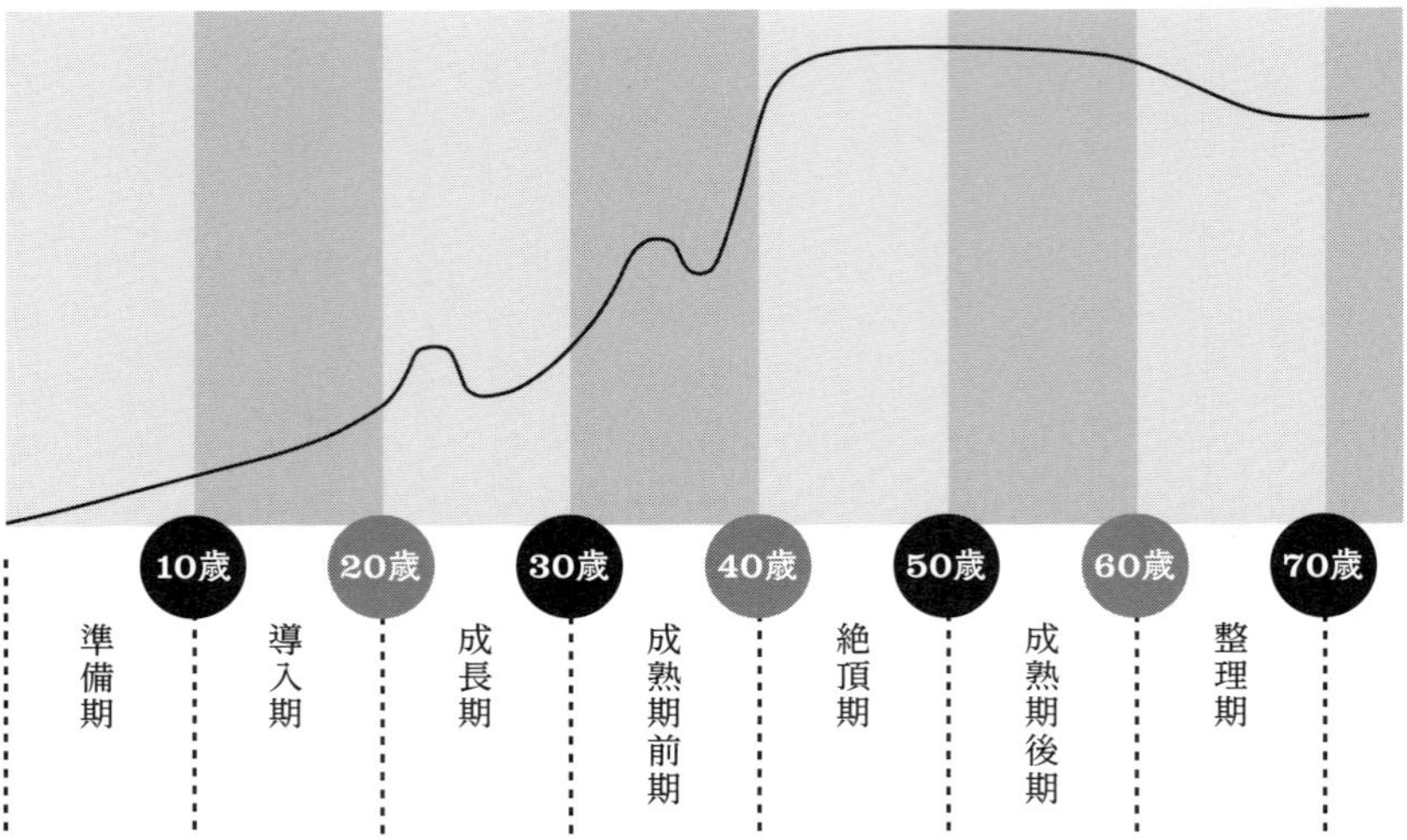


孔子は、50歳くらいになると自分がこの世に生まれた天命を知り、70歳になる頃には、心のままに振る舞うと、それが道理にかなっているようになり、しかも楽しくて仕方ないと言ったのである。

今の時代は、60歳になって還暦を過ぎても天命を知らない人が多いように思う。そのままでは、まだまだ命の時間が残されていると安心しているうちに、いつの間にか人生の大切な時間を失ってしまうだろう。

人間の一生には、上の図のような成長曲線がある。

誕生から10代後半頃は人生の準備期、導入期で、20代は人間の成長期、30代は成熟期の前期、40代はいろいろな経験を経ていよいよ成熟に向かう絶頂期である。50代は成熟期の後期であり、かなりのベテランになっている。60代以降は整理期であり、第二の人生へのスタートでもある。

このように、人生を「鳥の目」で見てみると、人生にも計画が必要だということがわかってくる。

それを私は「人生の三計」としてお話している。それは以下のような生きる計画、老いる計画、死ぬ計画という3つの計画である。

**人生の三計**

生計＝どのように生きるかという計画
（20歳から40歳は前期／40歳から60歳は後期）
老計＝どのように老いていくかという計画
死計＝どのように死んでいくかという計画

人生を俯瞰すると、将来に対して何をすべきかが見えてくる。何をしてきたかが見えてくる。時間の流れを感じることにより、自分が歴史という大きな時間の中の存在であることが見えてくる。

人には一人一人の役割がある。そして、その役割は人間としての成長とともに変わっていく。命には時間的な限界がある。人として生まれた以上、必ず「死」という生のピリオドを迎えることになっている。

人の人生は「命と思想の伝達」である。

自分の命の期限を思うとき、あなたは未来に生きる子どもや孫に、部下に、社員に、仲間に、家族に、何を伝えたいと思うだろうか。

子どもに何を伝えたいか、孫に何を伝えたいか、ひ孫に何を伝えたいか、イメージしてみてほしい。

そして、10代先の子孫はどこで何をしているだろうか。遠い未来へと思いを巡らせてみてほしい。

その未来を実現するために、あなたは今、何をしたらよいと思うだろうか。

# 死を考えると本当にしたいことが明確になる

この世に絶対に疑えないことがあるとしたら、それは「人は必ず死ぬ」ということではないだろうか。

物事にはたいてい例外があるが、これればかりはどういうわけか例外がない。死に損なった人間というのを、私はまだ一人も見たことがない。

世の中の多くの人たちは、「どう生きるか」ばかりを考えている。長寿を保つためにどう生きるか、これもやりたい、あれもやりたいというように「どう生きるか」ということを考えている。

皆さんには「生きる」ことを「有無・無有思考」で考えてみていただきたいのだ。つまり、「どう生きるか」ではなく、「どう死ぬか」を考えてみてほしいのだ。「死」を考えると「生」が見えてくる。今、何をすべきなのかが見えてくるのである。

私はこれを「命の有無・無有思考」と言っている。

## 命の有無・無有思考

**1** 生を考える

**2** 死を考える

**3** 役割を考える

**4** 決断する

死を考えると、命の役割が見えてくる。

「脳はすべての問いかけに答えてくる。脳は国立国会図書館100館よりすごい」

私はこのように申し上げてきた。

あなたの脳は、あなたが問いかけたことすべてに答えてくるのだ。「死」を脳に問いかけたとき、「命」が立ち上がってくるのである。

人間はいずれ必ず死を迎えるもので、人間には持って生まれた寿命がある。それゆえに毎日を真剣に生きることが大切なのだ。

もし、人間に寿命がなかったら、人はみな、いい加減にのんべんだらりとして生きていくに違いない。

我々は、何のために生きているのだろうか――。

死のイメージは、自分にとって一番重要なことを明らかにしてくれる。

スティーブ・ジョブズは、スタンフォード大学卒業式典で行った伝説的なスピーチで、次のように学生たちに語っている。

人生を左右する分かれ道を選ぶとき、一番頼りになるのは、いつかは死ぬ身だと知っていることだと私は思います。ほとんどのことが――周囲の期待、プライド、ばつの悪い思いや失敗の恐怖など――そういうものがすべて、死に直面するとどこかに行ってしまい、本当に大事なことだけが残るからです。自分はいつか死ぬという意識があれば、なにかを失うと心配する落とし穴にはまらずにすむのです。人とは脆弱なものです。自分の心に従わない理由などありません。

――『スティーブ・ジョブズⅡ』（ウォルター・アイザックソン著　井口耕二訳／講談社）

私の勉強会では、参加者の皆さんに「死に方」について考えてもらうことがある。中には一人で静かに死んでいきたいという人もいるが、ほとんどの人は妻や子に温かく見守られながら、安らかに死んでいくことを理想としている。手を伸ばした先に妻の手があり、その手が優しく握り返してくれることを望んでいるのだ。

人間は死を前にすると、自分にとって大切なもの、自分が本当に望んでいることがわかってくる。

大病を患った人が価値観や人生観の劇的な変化を体験し、生き方や人格まで一変してしまうということがよくある。病院のベッドに寝ていると、嫌でも死を考えるようになり、人生のタイムリミットを自覚するのである。

今、自分は生きているという、普段はあまり考えないことを考える。そして、生きていることはすごいと腹の底から思うのである。

そうすると、自分は本当は何がしたいのか、自分の命を使って何を成すべきなのか、脳は本気で考え出すのだ。

あなたは、自分が死んだとき、大切な社員、家族、仲間、取引先、お客様にどのように偲んでもらいたいだろうか。

「生きては人に喜ばれ、死んでは人に惜しまれる」

このような生き方が、人間の真の成功の道ではないかと私は思うのである。

次のようにご自分に質問してみてほしい。

「もし、3カ月後に死ぬとしたら、誰に何を伝えたいだろうか」

両親、妻や子ども、社員たち、お世話になった人たち、それからあの人にも会っておきたい……と、言葉を残したい相手は何人か出てくるだろう。それを紙に書き出してみていただきたい。

実践

## 最後の伝達1

自分が3カ月後に死ぬとなったら、あなたは誰に何を伝えるか。

いかがだっただろうか。

ここでさらに恐ろしい質問をさせていただこう。

「もし、3時間後に死ぬとしたら、皆さんは誰に何を伝えたいだろうか」

3時間後というと時間に余裕はない。東京から新幹線で静岡に帰ることはできる。東京から大阪までも行くことができるが、姫路に着くまでに3時間が経ってしまう。3時間であれば、ごく一部の大切な人に絞られてくるはずだ。伝えたい相手と内容をそれぞれ書き出してみてほしい。

実践

## 最後の伝達2

自分が3時間後に死ぬとなったら、あなたは大切な人に何を伝えるか。

1秒1秒の積み重ねが人の一生である。若いときや健康なときには、大切な命のことを深く考えることはしないものだ。人生の大切な1秒をおろそかにしてしまうだろう。それは、自分の人生をおろそかにすることなのだ。

人間の死に方にも運がある。大切な人々に見守られ、安らかに人生を終える人。恐怖と孤独で苦しみ続けて一生を終える人。あなたはどのような死を迎えるだろうか。

死に方をイメージすることは、人生の「一気通貫の法則」でもある。ゴールから今を見て、自分の一生を計画するのである。

その上で、理想の死を実現するために、仕事、家族、人間関係、お金など、必要と思われることを詰めていくのである。

## 命をかけて真の役割を果たす

人にはそれぞれの立場に応じた務めがある。「死」を考えると、生あるうちに自分は何をすべきなのか、自分が生きている間にやらねばならない役割とは何であるのかということが明確になってくる。

命をかけた自分の役割が明確になっている人の心には迷いがないものである。

経営者であれば、社長としてしなくてはならない義務と役割がある。経営者だけでなく、会社の社員さんにもそれぞれ義務と役割がある。その人の地位や職務に応じて期待されていることや、遂行している働きが役目である。

義務と役割を整理すると、以下のようにまとめられる。

## 義務と役割

**義務＝立場に応じてしなければならない務め**
**役割＝地位や職務に応じて期待され、遂行している働きや役目**

人間の役割とは何から生まれるのかと言うと、周囲の人からの期待である。期待は大脳新皮質の理屈の脳で行っているようであって、実はそうではない。奥の脳で行っているのである。つまり、経営者の日々の義務と役割、社員の日々の義務と役割も、天運が司っているのである。

役割とは一人一人違うものである。

皆さんも、自分の役割を明確にし、自分の役割に気づき、今の役割に感謝して、心に決断を下してほしい。

役割は一人一人違うものである。そして、周囲の期待に応えていくと、今の役割を超えていくものである。それが、真の役割である。命をかけて真の役割を行うのである。

この人生を「何のため」に使うか――こう発想すると、そこに意味が生じてくるのだ。

実践　真の役割

真の役割に気づくためにも以下の質問に答えてもらおう。

・あなたの一生をかけた役割は何か？

・大きな長期的な役割は何か？

・今、行わなくてはならない役割は何か？

・あなたの役割を決めて、決意を表明する

## 理念は経営者の「心の契りの法則」である

「天運」とは、天から授けられた運命のことである。

我々は、生まれるときも死ぬときも、自分の努力でその時期を設定することはできない。私は65歳で脳梗塞になり、死ぬのかと思いきや死ななかった。自分の意思を越えたところでこの世に生を受け、生かされている。それは、天から運命（命）を与えられていると私は感じている。

世の中で成功している人の多くが口を揃えて「自分には強運があった」と言う。彼らは天から与えられた運命に気づき、自分が生かされていることに感謝し続けている。自分さえよければいいという考え方はせず、社会的成功と人間的成功を成し遂げているのである。

ここまで、天運が人の「心」や「魂」につながっているということをお話してきた。「天運の法則」を突き詰めていくということは、より人間として、生命としての本能を知るということである。

ご先祖様を追い、ルーツを追い、命のもとを訪ねれば、無意識領域にある本能の脳が動き出すのだ。脳の分野で申し上げると、この一見合理的でないようなことを行うことで、「社会的成功」と「人間的成功」を支える自分の志に気づけるのである。自分の命の真の使命に気づくのである。未来を手に入れるために、過去を知るのである。

**・何のために仕事をしているのか？**
**・何のために経営をしているのか？**
**・何のために生きているのか？**

この本質的な問いに答えを得るのが「天運の法則」である。その答えが信念であり、理念である。経営者の「心の契りの法則」である。使命感を持つということである。

人が一番信じられないのは、自分自身である。人を裏切ることはめったになくても、自分のことはしょっちゅう裏切ってきたという人が多いと思う。

契りとは命をかけた固い約束をするということである。使命感は心のエネルギーの一つである。思いの強さで、アンカーがかかるのである。アンカーとは船の錨《いかり》のことだ。メンタルトレーニングでは、すぐに消えてしまう思いを定着させてグラつかないものにすることを「アンカリング」という。

「心の契り」は魂に打ち込まれたくさびである。アンカーがかかった「心の契り」はめったなことでは壊れない。「心の契り」は深い記憶データとなり、すべての判断の大もとになるのである。

人が迷ったり、悩むというのは、選択肢があるからである。心に契りがあれば、迷うことはない。人生には誰にでも「まさか」というような大変なことが起こることがある。また、ここ一番に集中して、絶対に結果を出さなければいけない勝負どころがある。そのとき、心に楔が打ち込まれていれば、何ら動じることはないのだ。

高杉晋作や吉田松陰のような、幕末に活躍した維新の志士たちは、強い使命感があったから、あんなにすごいことを平気で成し遂げられたのだと思う。「この命を使って何ができるか」と考えたに違いない。私利私欲なら絶対に成し遂げられないことも、使命感があれば成し遂げられるのだ。

「心の契り」があれば、どんな苦しいことも「積極的自己犠牲」となり、どのような状況にも動じずに、邁進していけるのである。

## 「無知の知」が天運のスタートとなる

私はこれまで多くの成功者や大成功者とお会いし、その話を聞いてきた。また、私の勉強会に参加したり、個人指導を受けたりする経営者、アスリート、ビジネスマンなど、多くの一流の皆さんにお目にかかってきた。

こうした方々は、私と出会った時点で、すでに成功している人も少なくない。なぜなら、私の指導は「ＳＢＴ（スーパーブレイントレーニング）」という、独自の能力開発法が柱になっていて、この方法を学んで、さらに上を目指そうなどというのは、本気になった脳の人であるからだ。

本書でも、本気でやる覚悟を決めた人間だけが真に高いレベルまで行けることを述べてきた。だから、本気の脳を持っている彼らが、初めからある程度成功しているというのも不思議ではないのである。

私の経験から見ても、あきれるほど熱心に勉強して、もう十分だと思える人ほど、勉強するものである。逆に、本気でない人間は、新しく何かを学んで自分のキャパシティを広げようなどとは考えないのだ。無尽蔵なエネルギーで「人間的成功」と「社会的成功」の上を目指す人がいる一方で、「そんなことは面倒くさい」「現状で精いっぱい」という人たちがいるのである。

では、十分すぎるほど学んでいるのに、まだまだ学び足りないという人間のエネルギーはどこからわいてくるのだろうか。それが、「天運の法則」である。

人間には命を賭してやらなければならないことがある。それが、真の使命である。この真の使命に気づくと、生き方が変わる。休んでなどいられないし、学びたくて、知りたくて仕方なくなるのだ。

それは、戦術・戦略を勉強してお金儲けをしようというレベルではない。真の使命を達成するための真理の追究という純粋な欲求によって、行われるものなのだ。

この純粋な欲求に関しては、「無知の知」という考え方がある。これは、「真の知に至る出発点は無知を自覚することにある」とするソクラテスの考え方である。

もういろいろ知っていると自惚れていたり、もうここで十分だと満足してしまえば、もっと知ろうとは思わない。もっと知りたい、真実を追求したい、見たことのない人生の景色を見てみたいと思えるから、純粋な気持ちでもっともっと知りたくなるのである。

いくら学んでも、人間は生きている間は雑念があって悟れないものである。だから、自分は無知であると知ることが、「天運の法則」の真のスタートなのである。

この「無知の知」も、冒頭でお話した「天運の法則」を連動させる7要素の1つとして、非常に重要である。

ここで皆さんに、とても有名な言葉をご紹介したい。

学べば学ぶほど、自分がどれだけ無知であるか思い知らされる。
自分の無知に気づけば気づくほど、より一層学びたくなる。

The more I learn, the more I realize I don't know.
The more I realize I don't know, the more I want to learn.

これはアインシュタインの言葉である。

皆さんご存じのことと思うが、アルベルト・アインシュタインは、ドイツ生まれの理論

アルベルト・アインシュタイン（写真：毎日新聞社）

物理学者である。20世紀で最も優れた科学者の一人だ。１９０５年に「ブラウン運動の理論」「光量子仮説」「特殊相対性理論」という論文を発表し、さらに１９１６年には「一般相対性理論」を発表して、１９２１年にノーベル物理学賞を受賞した。ヒトラーが政権に就くと、米国に移住して米国市民権を得ている。

数多くの業績をつくり、天才の代名詞のようなアインシュタインが「学べば学ぶほど知りたくなる」と言っているのである。

研究者や技術者は無から有を生み出さないといけない。だから、優秀な研究者は一生が勉強である。「自分が知らない」ということを知り、死ぬまで成長し続けるのである。

しかし、研究者や技術者以外の多くの人間は、大きく成功して社会的立場や権威を得ると満足してしまう。ポジションと既得権にしがみつき、自分は偉くなったと脳が錯覚してしまい、「無知の知」を忘れてしまうのだ。それが既得権者の脳である。

アインシュタインは、このような言葉も残している。

わたしたちはみな、他の人々の仕事によって、食べるものや家を与えられています。ですから、それらに対してはきちんと報酬を支払わねばなりません。自分の内面の満足のために選んだ仕事だけではなく、人々に奉仕する仕事をすることによってでも。さもなければ、どんなに欲求が質素であっても、寄生者と呼ばれるものになってしまうでしょう。

――『アインシュタイン150の言葉』(ジュリー・メイヤー/ジョン・P・ホームズ編/ディスカヴァー・トゥエンティワン)

アインシュタインにとっては、肩書きも名誉も財産も何の意味もないのである。彼はまわりのすべてに感謝し、神秘の追求に人生の意味を見出していたのであろう。

アインシュタインに関しては、日本人として初めてノーベル物理学賞を受賞した湯川秀樹博士が米国に客員教授として着任した際、彼を訪ねて、自身の理論によって原爆が生み出されたことに対し、「原爆で何の罪もない日本人を傷つけてしまった……。許してください」と湯川博士の両手を握り締めて激しく泣いたという逸話が残っている。

私たちは生きることを通して成長している。仕事や人間関係を通して成長している。脳の発達段階から見ると、人間の精神には間違いなくレベルがある。「無知の知」を知っている人間は、どんなにすごい人でも決して偉ぶることはない。

人は誰でも、悪意や邪心などない無邪気な状態で生まれてくる。悪意に満ちた赤ちゃん、闘争を繰り返す赤ちゃんや、物欲まみれの赤ちゃんなどいないだろう。もし、そのような邪気にまみれた赤ちゃんがいたら、お目にかかってみたい。

人は無邪気な状態で生まれるが、自我が芽生え、エゴが発生すると邪心が生まれる。年を重ねて知識の教育を重ねていくと、だんだん〝ずるさ〟を覚える。

つまり、無邪気から「無」が取れて「邪気」になるのだ。ビジネスという戦場で日々厳しい戦いをしている経営者は、大脳新皮質で戦術・戦略を練り、新しいビジネスモデルをつくっているわけで、決して無邪気なままではいられないだろう。

地球上で「天運」や「感謝」を感じることができるのは人間だけである。すなわち、「天運」や「感謝」を感じられなければ、人間ではないことになる。

頭を使いすぎて「無邪気」ではなくなっていたとしても、天運に気づくと、邪心が取れ、素直な無邪気に戻るのである。

極真空手を広めた大山倍達《おおやまますたつ》氏は「正義なき力は暴力にすぎず、力なき正義は机上の空論なり」と唱えていた。私も、「力なき正義は無力であり、正義なき力は無益である」と考えている。

特に、経営者は「正義感」をもって社会に恩返ししたほうがいい。お金がどれほどあっても、「正義感」が欠如していたら、その経営者は、社会にとって無益だろう。

私は「自宅の電話番号を覚えている脳を持っている人は、誰でも天才である」と申し上げてきた。皆さんは、最高レベルの脳を持っている。

「天運の法則」は、魂にアプローチして、邪心を取り、自分の無邪気な心に気づく法則である。赤ちゃんは無邪気であるが、戦術・戦略は考えていない。

しかし、「天運の法則」の無邪気は、無邪気な魂を持ちながら、戦術・戦略を練って金儲けの仕組みづくりも行い、人間関係づくりも行う最強の状態をつくるのである。魂に問いかけることで、脳の3層を一瞬で使い、人間の道理・真理・天理に適う答えが導き出される法則なのである。

この世に生まれてきた人は、みんな天運を持っているといっていい。この世に生まれるということだけで、奇跡である。みな、何かを成し遂げるために使命を携えて、この世に生まれてきたはずだ。

私はこう考えている。与えられた天運がゼロになるときが死を迎えるときである。人には二度の「死」がある。一度目は肉体的に死を迎えたとき、二度目は人々の記憶からその人が消えたときである。だが、たとえ人々の記憶から個人の記憶が消えたとしても、子孫の脳の一番奥に、先祖代々の記憶は残り続けるのである。

経営者の皆さんが成功し、己の責任を果たすことは、あなただけの成功ではない。日本の、いや人類の繁栄につながることを、覚えておいていただきたい。過去の伝承・伝達を振り返り、皆さんが伝承者になっていただきたい。その積み重ねは、そのまま〝日本の強さ〟に変わっていく。

世の中は移り変わりである。何かがなくなるときには、新しい何かが生まれる。一つの企業の頑張りが、世の中の想いに影響を与え、想いの連鎖が国の雰囲気をつくる。

今こそ、変化を起こすときである。どうか、経営者の皆さんは、何年、何十年、何百年と続く会社をつくり、伝達と伝承をつなげていただきたいと思う。

では最後に、皆さんに「天運十訓」をお贈りして、本編は終わることにする。

# 天運十訓

一　お金は大切だが、私にはお金より大切なものがある
二　命は大切だが、私には命より大切なものがある
三　自分のことは大切だが、私には自分より大切な人がいる
四　真の教育者とは、己の心を教育した人間である
五　一生懸命は大切だが、私には本気はもっと大切である
六　人に言葉で語るより、私には心で語るほうがもっと大切である
七　仕事では頭を使い、人間関係では心と魂をつかう
八　人に相談せず、天に相談する
九　大切なのは悩むことではなく、脳に問うことである
十　物事には目に見えることと、見えないことがある
　　目に見えないことの中に、真に重要なものがある

補章

# 天運を強化する瞑想

連動の法則
丹田呼吸法
直心

# 気と縁と運をつなぐ「連動の法則」

本編は終わったが、ここでは「天運の法則」で生きるために、どうしても補足しておきたいことがあるので、まとめてお伝えしたいと思う。

人生には、思いがけない不思議なご縁というものがある。皆さんにも思い当たることがないだろうか。たまたま居酒屋で隣に座った人がとても親しい友人の兄弟だったり、偶然、新幹線で隣に座った人と意気投合して結婚したり……。「奇縁だ」「不思議だ」と多くの人が言うのであるが、私から言わせると、これは不思議でも何でもないことである。

実は、人間には目に見えない力がある。

東洋医学では、人を動かしているのは「気」だと考えていて、心と体の一致を「心身一如《しんしんいちにょ》」と言っている。心と体は同じエネルギーによって動かされていて、それが充実すると元気になり、枯渇すると病気になると教えてきた。

この増えたり減ったりする「気」を、皆さんも実感しているはずである。気というのは人間の本能的エネルギーである。そして、この本能的エネルギーがあると、不思議なくらい、お金や人が集まってくる。これを「連動の法則」と言う。気と縁と運は連動しているものなのである。

人間には、運がある人と運がない人がいる。運とは人が運んでくるものである。『面白いほど成功するツキの大原則』（現代書林）に、「ツキとは出会いである。運はツキの持続である」ということを書いた。世の中の多くの人はツキや運を偶然のものと考えがちであるが、ツキも運も偶然ではない。これは大脳生理学によって解き明かされており、潜在意識に「強運をつかむ脳」を条件づけることによって、いくらでも手に入れることが可能なのだ。

運とは人が運んできてくれるものであるから、一人ではどうしようもない。縁がないと運のある人間には絶対になれないのだ。運というのは、人が運んできて、それがお金になったり、幸せになったりするものなのである。

多くの場合、運が欲しいという人は、運だけを探しに行く。だが、それでは決してよい運は見つからない。なぜなら、運を求めるにはよい縁が必要であり、よい縁と出会うにはよい気が必要だからである。つまり、運と縁と気はイコールなのだ。

## 連動の法則

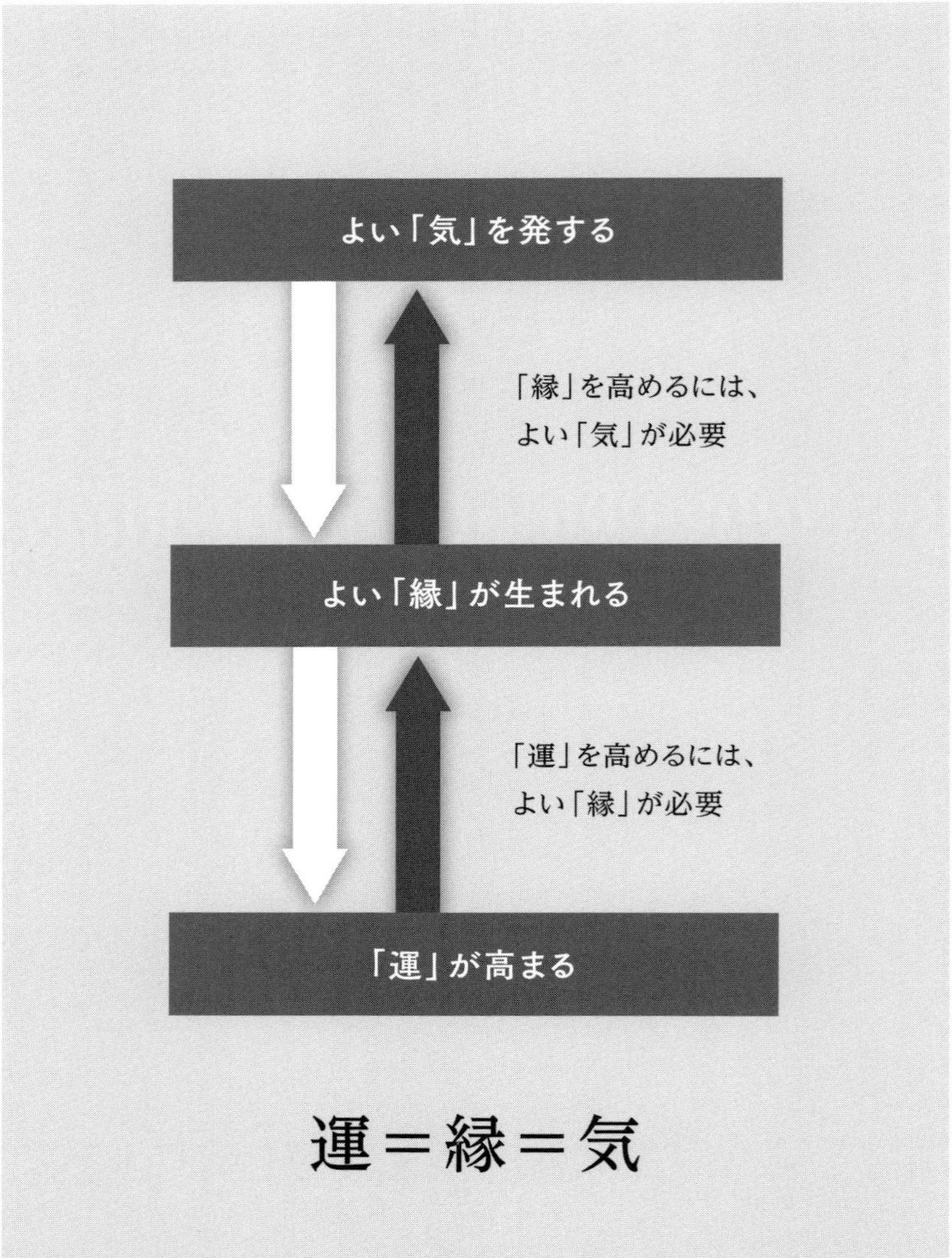

よい縁を高めるには、よい気を発することである。よい気が出ている人は、ツキのない人を見ると「あいつはダメだ、何となく気が合わない」と本能的エネルギーでわかってしまうからだ。大金持ちと知り合おうと思えば、気が充実していないといけない。気が枯れているような人とは、大金持ちは付き合おうとは思わないはずだからだ。

よく言われる「奇縁」とは思いがけない不思議な縁のことであるが、私に言わせてもらえば、それは「気縁」なのである。

## 気の状態は脳にも関係してくる

脳には集中しているときと、そうでないときがある。このことも気と連動している。脳の状態が悪いと、いくらよいイメージを描こうとしても、それが脳の中に入ってこないのだ。そこで、脳の状態をよくするためには、気のコントロールが必要になってくる。西洋医学的に申し上げると、脳波が変化するということである。イメージトレーニングも、脳の奥のほうにイメージをインプットするために行っており、体と脳は連動しているのである。

東洋医学では、「気」には「内気」と「外気」があると考えている。

「内気」とは文字通り、体の内側の気である。元気がある、やる気がある、気力が充実している、気合が入っている……など、これらは体の内側に流れている「内気」の状態をあらわした言葉である。

そして、体の外側には「外気」がある。こちらは、空気、天気などの自然界の気である。この内気と外気は密接な関係にあると考えられている。

「連動の法則」にも当てはまるのだが、体内エネルギーの気がよくないと、よい縁に恵まれないと言われている。

内気をよい状態にしないと、外からプラスの気を入れたり、よい影響を受けたりすることができないということなのだ。

へそから指3本分くらい下のところに、「丹田《たんでん》」と呼ばれる部分がある（次ページ図）。丹田は、「第二の脳」とも言われていて、気のエネルギーがこの丹田にしっかりと入っているときには気力が充実して、集中状態に入っているということになる。

また気の状態は、上がって失敗する場合と下がって失敗する場合がある。

**丹田の位置**

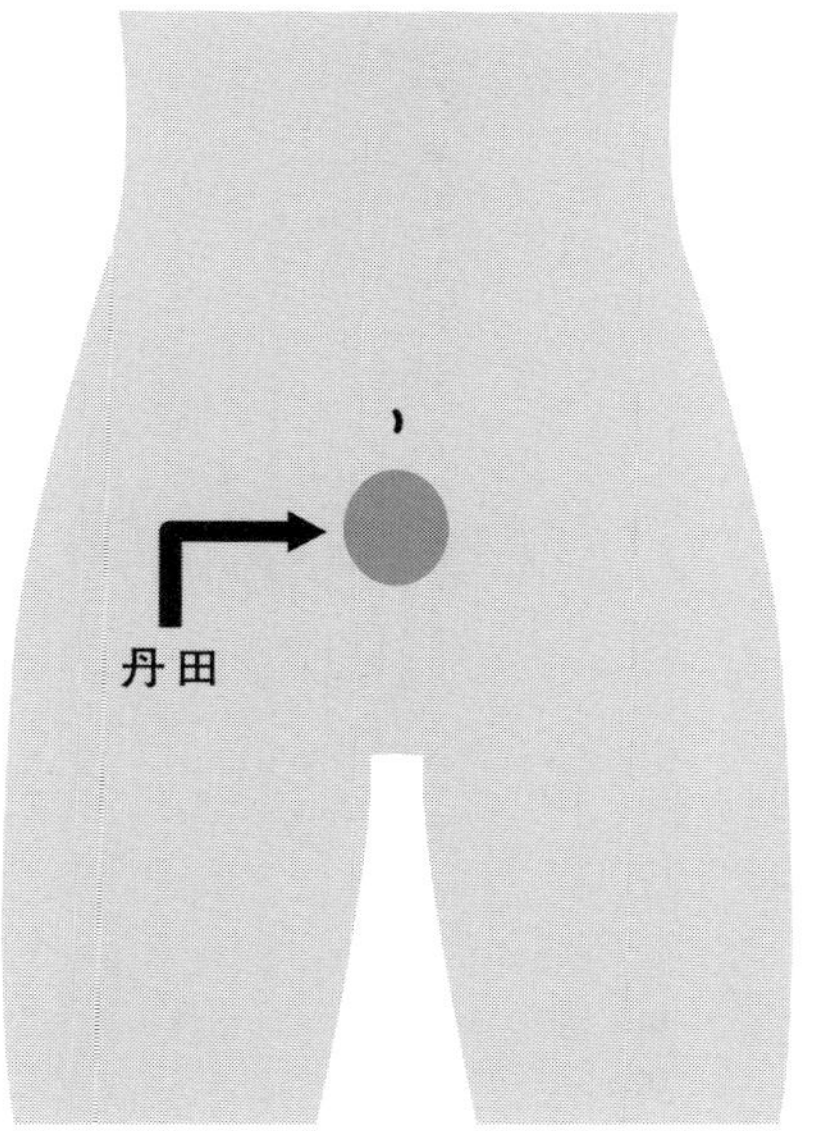


上がって失敗する場合とは、気が散っている、気負っている……などである。

気が上がってイライラした状態で、はたして会社の将来をイメージできるだろうか。いわんや、脳の奥深くによいイメージをインプットできるわけなどない。

これがさらに上がっていくと、「気が動転する」ということになり、気が上から抜けていくサイキアウトの状態になるのである。

逆に気が下がると、元気がない、気が入らない、やる気が出ない、気後れしている、気分が悪い……などの状態になる。プレゼンなどで〝相手にのまれた〟状態とは、気のレベルが下がっているということなのだ。さらに、まったくやる気がしないというのは、完全に「気が抜けた」状態である。

## 気の状態

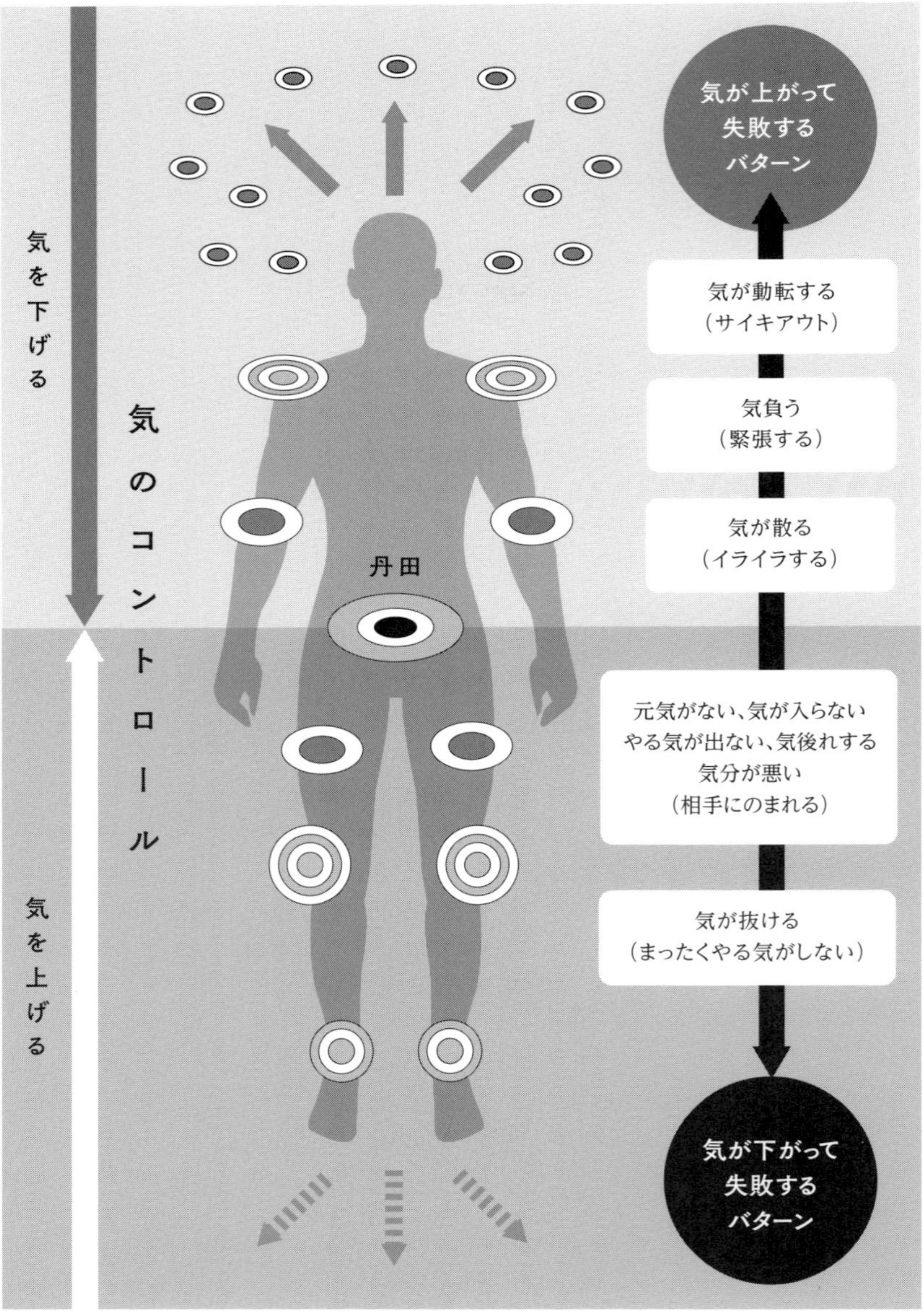

気を下げる
気のコントロール
気を上げる
気が上がって失敗するパターン
気が動転する（サイキアウト）
気負う（緊張する）
気が散る（イライラする）
丹田
元気がない、気が入らない
やる気が出ない、気後れする
気分が悪い
（相手にのまれる）
気が抜ける（まったくやる気がしない）
気が下がって失敗するパターン

丹田に気が入っている状態で仕事に臨めば、最高のパフォーマンスが発揮できる。しかし、この状態を維持することはなかなか難しいのだ。気が上がっているときは下げて、下がっているときは上げてといった具合に、うまく気をコントロールする力を身につける必要がある。

## 深いリラックス状態で魂にアクセスできる

私の経験から言っても、気のコントロールには腹式（丹田）呼吸法が有効である。腹式呼吸というのは、鼻から吸って口から出す呼吸である。鼻から吸ったときにお腹がふくらんで、口から吐くときにお腹がへこんだ状態になると、正しく呼吸ができていることになる。「なんだ、簡単だ」と思われるかもしれないが、しっかり頭で理解していないと、気のコントロールはなかなかうまくいかないものである。

私も20代の頃に、呼吸法を徹底的に研究した。人間の内臓は自律神経で動いている。心臓や胃、大腸の活動などは、自分の意志で止めようと思っても止められるものではない。

しかし、肺は違う。自己呼吸によってコントロールが可能なのだ。だから、呼吸のリズムを使って、緊張とリラックスを支配している自律神経全体をコントロールできるということになるのだ。

自律神経は、交感神経と副交感神経によって支配されている。交感神経系は、緊張感のあるとき（脳波が$\beta$波のとき）や、イライラしているときに優位に働き、このときは心臓の鼓動が速くなり、血管は収縮し、食欲はなくなる傾向にある。

一方、副交感神経は、リラックスしたとき（脳が$\alpha$波や$\theta$波、$\delta$波のとき）に優位に働き、心臓の鼓動が遅くなり、血管は拡張し、内臓の働きが活発になって、食欲は増進し、消化吸収率も高まる傾向にある。

人は通常、無意識に呼吸をしているが、吸っているときには交感神経系が優位に働き、吐いているときには副交感神経系が優位に働いている。

呼吸法で自律神経全体を整えれば、脳波とホルモンが変わってくる。そして、心身のストレスが消去できる。すると、意識と潜在意識の壁を取り払うことが可能になるのだ。

深いリラックス状態になり、現実か非現実か区別がつかない状態をつくると、心の奥深くの潜在意識にイメージをインプットすることができる。そのときに脳がイメージしたことは、脳の深いところに入って記憶されていく。こうなれば、意識と潜在意識の壁が取り払われ、心の奥底にある深い記憶を変えていけるのだ。

私たちがアスリートを指導する際には、まだ成功していないことを、成功している状態として、それが自分の経験、体験であるかのように脳に強くインプットしていく。

このようにして潜在意識にアクセスし、そこにイメージを埋め込めば、人はいとも簡単に変われるのだ。多くの皆さんがすでにお気づきだと思うが、カルト集団や悪徳商法のマインドコントロールも手法は同じである。

人間の脳は潜在意識の中に条件づけられると、それを否応なく実現してしまうようにできている。刃物が武器にも道具にもなるのと同様に、使う人次第で悪い方法にもよい方法にもなるのが潜在意識へのアクセスなのである。

魂は潜在意識の中にある。潜在意識へのアクセスとは、同時に魂へのアクセスでもあるということを覚えておいてほしい。

## 瞑想によって脳は深くリラックスする

多くの著名人や経営者、アスリートなど、何かを極めようとする人が出会うのが瞑想である。東郷平八郎、原敬、松下幸之助、ロックフェラー3世、宇野千代など、多くの実業家・著名人が生涯の師と仰いだ日本人がいた。

それが、戦後を代表する経営者の多くに影響を与えた中村天風《なかむらてんぷう》さんであり、彼もまた瞑想を推奨したという。

また、世界中を虜にしたあのザ・ビートルズの4人も、「超越瞑想」を唱えていたマハリシ・マヘーシュ・ヨーギーの下で学び、毎朝瞑想を行っていたそうだ。

そして、米アップル社の創業者の一人、スティーブ・ジョブズが瞑想を行っていたことも有名な話である。

その他、グーグル社の社員も多くが瞑想を行っていると聞く。科学の先端を行く彼らもまた、能力開発に瞑想を積極的に取り入れているのだ。

日本人の多くは、瞑想と言うと座禅をイメージすることだろう。禅で言う座禅とは、座を組み、調身（体を整える）・調息（呼吸を整える）・調心（心を整える）を行って、自分の内面を見つめ、心を自覚するというものである。仏教では科学が発達する以前から、脳のことがわかっていたのだと思わざるを得ない。

アメリカやヨーロッパでは、禅が心理学などからも注目されて盛んになり、「ZEN」として世界に広まり、日本に逆輸入されているほどだ。

また、日本においては、禅宗というものがある。これは鎌倉時代に武士たちの間に広がった教えである。

私は極限の場面で平常心を保ち、命を賭した心理戦に最適戦闘力を発揮する戦国武将や武士たちが瞑想を行っていたことについて深く関心を持ち、研究を重ねてきた。

中でも、己の心と戦った泥臭い男の中の男である剣豪・宮本武蔵が好きだ。

私は以前、宮本武蔵がこもり、死の直前に『五輪書』を書いたと言われる霊巌洞《れいがんどう》に行ったことがある。

『五輪書』とは地之巻、水之巻、火之巻、風之巻、空之巻からなる兵本の奥義書である。熊本の西方、金峰山《きんぽうざん》にあるその洞窟は霊気が漂っており、武蔵はここでたった一人座り、己の心と向き合っていたのである。脳についてわからなかったあの時代には、それが大切なことだと思ったのであろう。

さて、話を戻そう。私は、瞑想とは無意識領域である潜在意識にアクセスする脳の訓練方法だと考えている。

瞑想によって意識と潜在意識の間に立ちはだかる壁を取り去ることができ、意図するイメージを深い記憶に変えることができるのだ。

その理由を詳しく説明していこう。

瞑想が終わると、熟睡したあとのように脳がすっきりとする。これは、脳から$\alpha$波が出るからである。

緊張するとき、集中するとき、リラックスするときなど、脳からはさまざまな電気信号が出ることが知られている。

これが脳波である。深いリラックス状態のときというのは、脳波は8ヘルツから14ヘルツのいわゆる$\alpha$波が出ている状態になる。

この$\alpha$波は「集中力の脳波」とか「ひらめきの脳波」とも言われ、スポーツや勉強などで力を発揮できる状態にあり、最高に集中している人の脳にもあらわれる。

ちなみに、人間の脳の電気活動を系統的に研究し、$\alpha$波を発見したのは、ハンス・ベルガーというドイツの神経科学者、精神科医である。

脳から$\alpha$波が出ているリラックス状態のときが、潜在意識にプラスイメージを入力する最適のタイミングである。なぜなら、深いリラックス状態のときだけ、意識と潜在意識の間に立ちはだかる壁が開くからである。

そこでは、普段は無意識でいる心の奥底にある感情や記憶を見ることになる。そして、それらを変えることもできるのだ。

私たちの脳波には次ページの表の通り、5種類の波形がある。

我々の脳は、通常の活動をしているときには、意識が緊張状態のときにあらわれる波形である$\beta$波を出している。

しかし、好きなことに集中しているときなど、心身がリラックスしながら理想的な集中をしているときの脳波は、$\beta$波ではなく$\alpha$波となるのだ。そして、リラックスがさらに進むと$\theta$波になる。これはぼんやり、ウトウトした浅い睡眠状態のときにあらわれる波形である。これがさらに深い睡眠状態になると脳波は$\delta$波になる。

逆に、$\beta$波が進んで不安や興奮が高まると、脳波は$\gamma$波になる。

## 脳波の種類

| | | |
|---|---|---|
| γ（ガンマー）波 | 30ヘルツ以上 | 不安・興奮 |
| β（ベータ）波 | 14 ～ 30ヘルツ | 緊張・イライラ<br>（論理的・理論的思考） |
| α（アルファ）波 | 8 ～ 14ヘルツ | 集中・瞑想<br>ひらめき<br>（リラックスしながら集中） |
| θ（シータ）波 | 4 ～ 8ヘルツ | ぼんやり<br>ウトウト |
| δ（デルタ）波 | 0.5 ～ 4ヘルツ | 深い睡眠 |

こうした5種類の脳波の中でも、脳の働きが最大になるのが、脳波が$\alpha$波でやる気に満ちた状態のときである。このときには、やる気ホルモンのチロトロピンが出ている。逆に、脳波が$\beta$波でやる気のない気の状態で何かに取り組んでも、時間の無駄にしかならない。これは皆さんも経験があるのではないだろうか。

## 気をコントロールできる「丹田呼吸法」

$\alpha$波を出すのは難しいことではない。これを可能にするのが、気を丹田に持っていき、脳を最適な集中状態にしていく「丹田呼吸法」である。これは、丹田をふくらませてゆっくりと息を吸い、丹田をへこませてゆっくりと息を吐くというもので、基本的には、吸うよりも吐くほうを長めにしていく呼吸である。こうして吸って吐いてを少しやるだけでも、脳内の感じが変わってくるだろう。

この丹田呼吸法を行うと、体と脳が変化する。体がリラックスしてストレスが消去され、緊張やイライラが緩和されて、自律神経の働きがよくなるのだ。脳波とホルモンが変化し、脳が集中するのである。
以下に、「丹田呼吸法」のやり方を詳しく紹介するので、実際にやってみてほしい。

## 実践 丹田呼吸法

「丹田呼吸法」を行う前は、腹式呼吸などをして、心を落ち着かせておく。
この呼吸法は、座って行っても、立って行ってもよい。

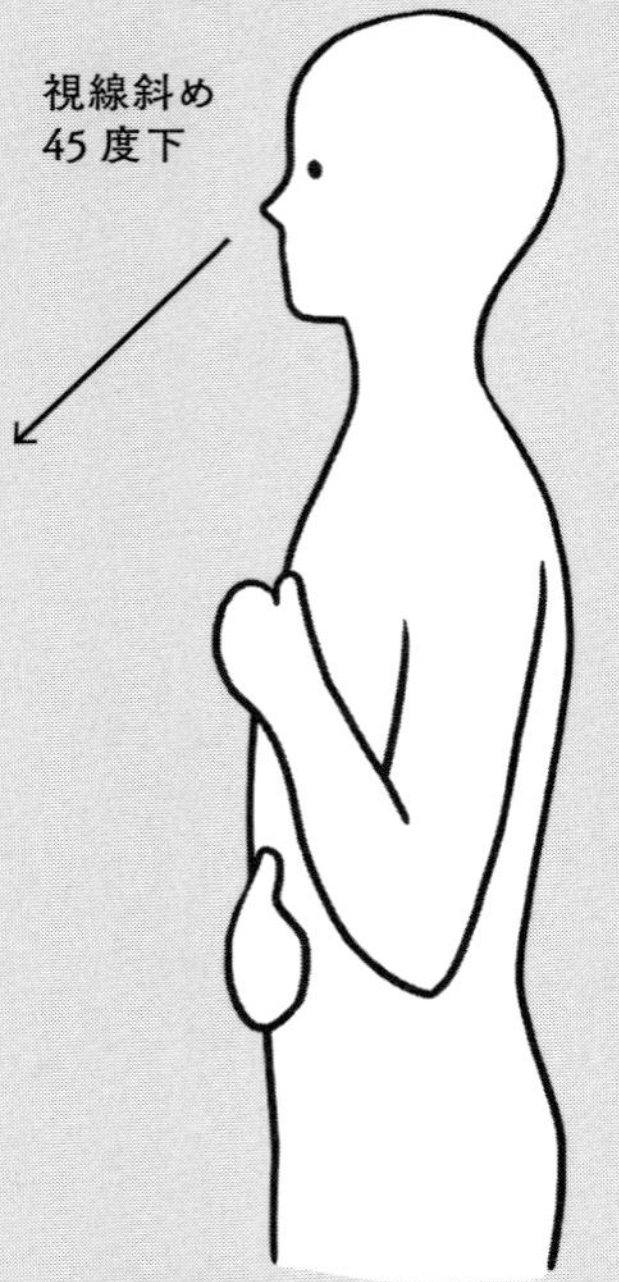


**1**

片方の手をお腹に、もう一方の手を胸に置く。
視線は斜め45度下くらいに置き、体の空気を抜く。

**2**

最初に、口から少しずつ息を吐く。お腹をへこませながら、ゆっくりと長く吐き出す。ストローをくわえるイメージで、口をすぼめて細く長く息を吐くとよい。

吐くときは、グチ、言い訳、責任転嫁、不平不満などのマイナスを吐き出すイメージで行う。

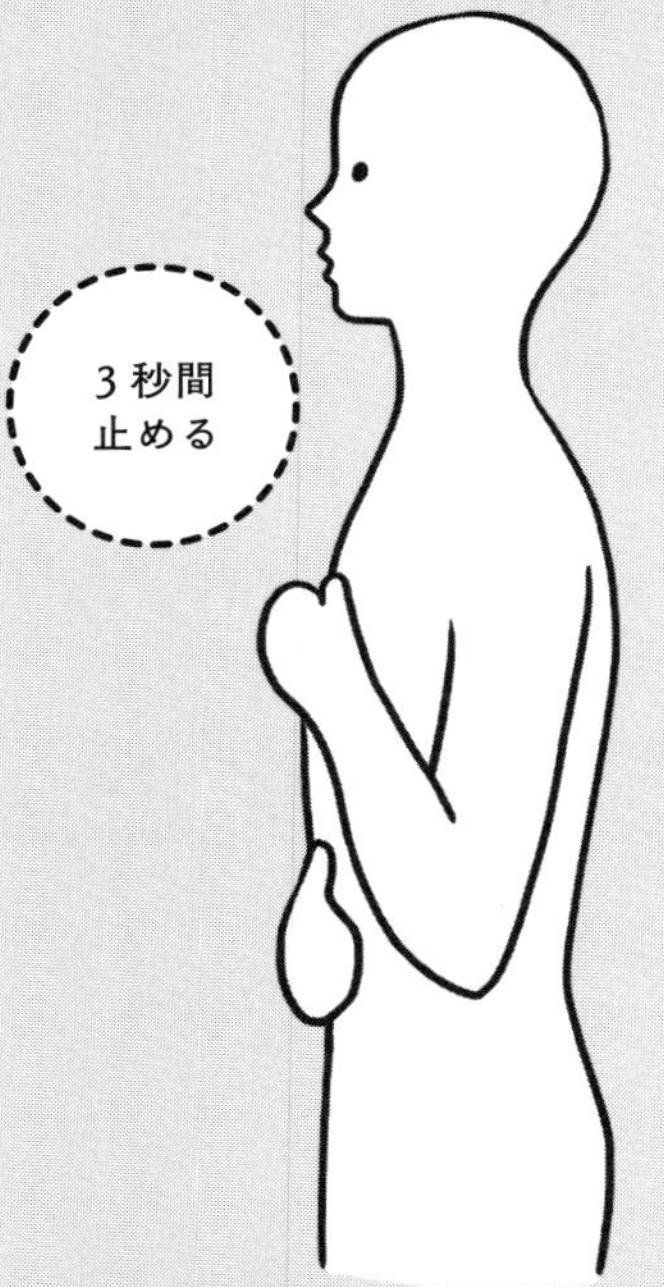


**3**

息を吐き切ったら、その状態で3秒間止める。

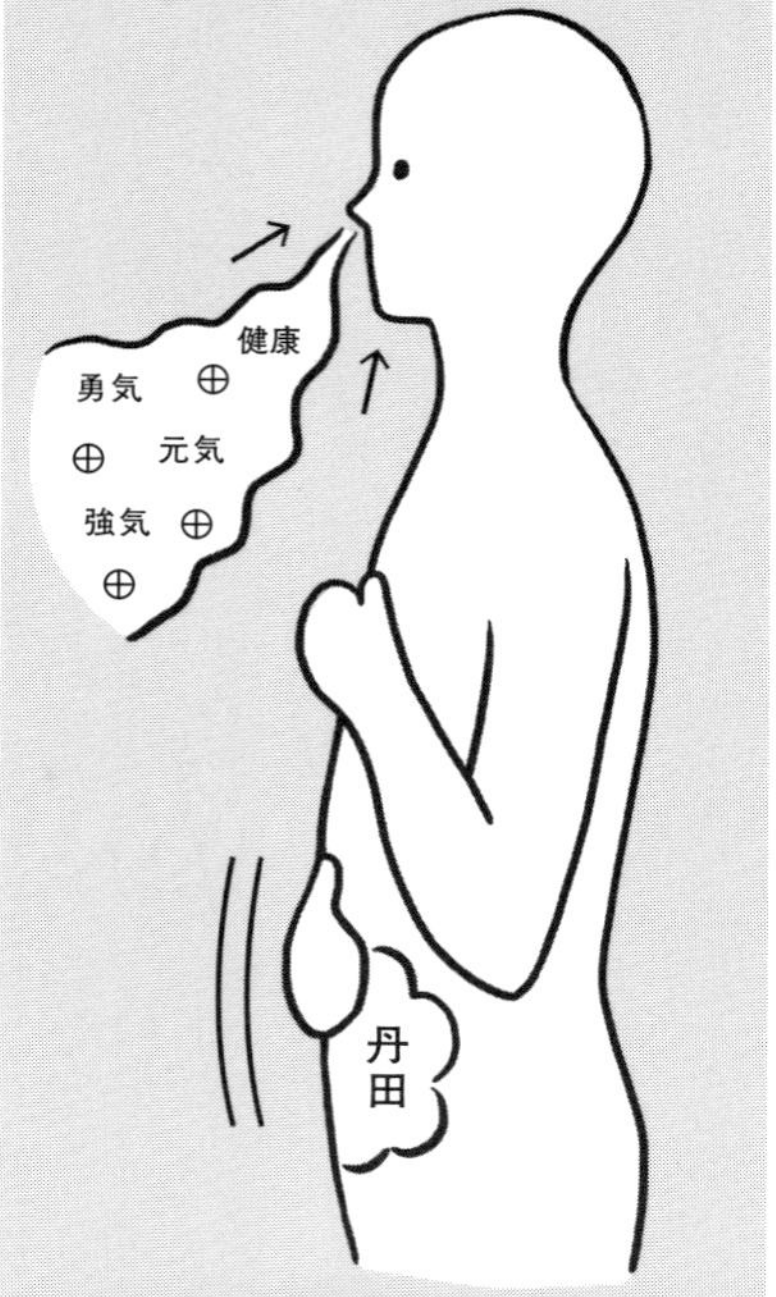


4

鼻から息を3秒間吸い、2秒間止める。息を吸うときは、横隔膜を下げてお腹をふくらませ、丹田に空気をためるイメージで吸い込む。

吸うときは、健康、元気、勇気、強気などのプラスを吸い込むイメージで行う。

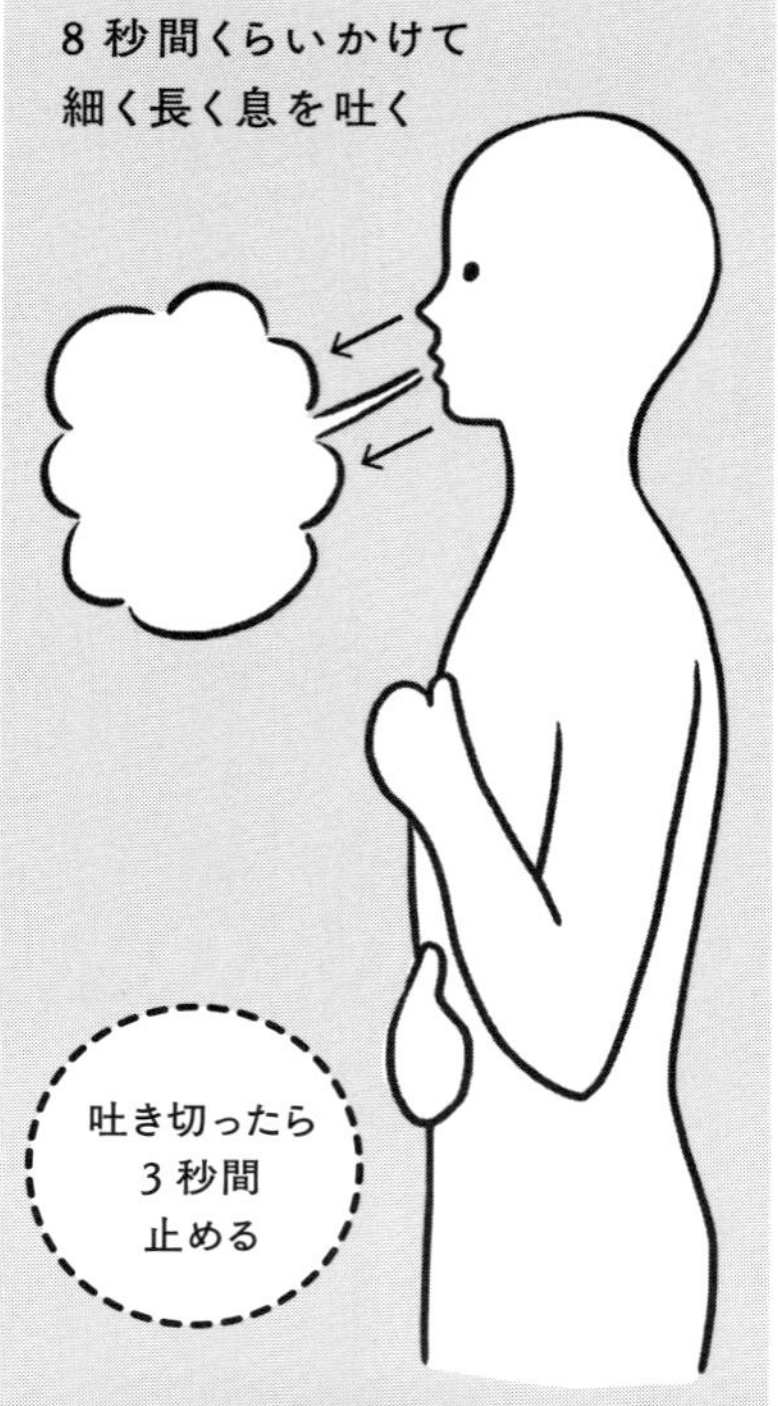


5

8秒間くらいかけて、口から細く長く息を吐いていく。
息を吐き切ったら、その状態で3秒間止める。
以降は④⑤を繰り返す。

力が出るとき、脳が集中するとき、体がリラックスするときは、息を吐いたときである。息を吸うときには丹田をふくらませ、吐くときには丹田をへこませることを意識する。肩が上がっている場合は、胸式呼吸になっている証拠なので注意する。ポンプをイメージして、息を吸うときはお腹を緩めながら胸を押さえ、息を吐くときは腹を押さえながら胸を緩めるようにしてもよい。

丹田呼吸法を繰り返すことによって、雑念が消えて脳の状態が実際に変わってくるのを実感できるはずだ。血液の循環がよくなり、筋肉がほぐれたり、交感神経の緊張が緩和したりして血圧が安定する。

さらに、イメージを潜在意識に送り込む方法は次のように行う。

息を吸うときには、健康、元気、勇気、強気、プラス思考、チャレンジ精神、できる自分、やれる私、宇宙に満ちているエネルギーなどといった、よいものが入ってくるイメージで行う。

息を吐くときには、愚痴、言い訳、責任転嫁、不平不満、できない自分、マイナス思考、劣等感などといった、悪いものが息とともに出ていく自己暗示をかける。

自己暗示をかけるときは、「こうなりたい」とか「しなければ」という言い方ではなく、

「必ずこうなる」という断定と現在進行形で行う。

なぜなら「こうなりたい」は「なれない」という気持ちが潜んだ言い方だからだ。成功の鍵は「信じ込むこと」である。

日本人には腹式呼吸の苦手な人が少なくない。人は不安などに襲われると、自然と呼吸が浅く速くなる習性がある。そういうときには胸式呼吸になっている。

ついでに申し上げれば、人は他の人にいいところを見せようとするときにも胸式呼吸になりがちである。ストレスを消し去り、心身をリラックスさせるには、やはり腹式呼吸が必要となる。

皆さんも、日々、多くのストレスがあることだろう。こうして就寝前に必ずリラックスする習慣をつけることをおすすめする。

また、これから集中しなければならないときなどは、いったん呼吸を整えて、脳を無の状態に切り替えるとうまくいくだろう。

さらに、あがりやすい人、たとえばステージで何かをしなくてはいけないというここ一番のときは、この丹田呼吸法で3秒で吸って、2秒止めて、15秒で吐いていくというのを3回やることをおすすめしている。

もう一つ、「丹田呼吸法」を用いたリラクセーション法を紹介しよう。

目を閉じて腹式呼吸を繰り返しながら、体のさまざまな部位に意識を持っていき、「力がどんどん抜けていく」「楽になっていく」という言葉を自分自身に語りかけながら弛緩《しかん》していく方法である。

意識していく体の部位の順序としては、次のように上から行うのが望ましい。

**意識していく順序**

**頭↓目↓口↓首↓肩↓胸↓腕↓腹↓尻↓太腿↓膝↓足首**

つまりは、腹式呼吸で自律神経系へのアプローチを行い、交感神経の働きを鎮め、副交感神経の働きを助長するのである。こうすることで、ストレスが消去され、脳は最適な脳波へと変化していく。これを常に行い、深いリラックスを脳に条件づけしておくことをおすすめしたい。

## 「直心」を得て天運で生きる

瞑想や丹田呼吸法で深いリラックス状態になると、脳の雑念がなくなり、心が混じり気のない純粋な状態になっていくのを感じるはずである。

これを仏教では「直心《じきしん》」という。大乗仏教経典の一つである『維摩経《ゆいまきょう》』に「直心は是れ菩薩の浄土なり」という一節がある。混じり気のない心を得ることができれば、そこが浄土となるというのである。

また、同経には、「直心是道場」という有名な一節がある。「我れ問う、道場とは何の所か是れなる。答えて曰く、直心是れ道場なり」とある。これは、純粋な心こそが学びの場だということである。

瞑想には実は、思いを3層の脳に落とし込む方法がある。次のように、大脳新皮質、大脳辺縁系、脳幹に落とし込んでいくのである。

**瞑想のやり方（3層の脳への記憶）**

1 意識脳（大脳新皮質）に落とし込む手法
2 心の脳（大脳辺縁系）に落とし込む手法
3 魂の脳（脳幹）に落とし込む手法

天運を強化する瞑想は当然、3の魂の脳に落とし込む手法になる。

テクノロジーを介して世界を変えたスティーブ・ジョブズの発想の原点が座禅にあったことは、伝記などでも広く知られている。瞑想を欠かさなかったジョブズは、人間の脳の性質を知っていたのであろう。

なぜ、ジョブズは瞑想に傾倒したのかを考えると、ジョブズの生い立ちが影響していると思うのである。

生まれたばかりの彼は、養子に出され、ジョブズ家に引き取られた。母ジョアン・シーブルは大学院生、父アブドゥルファター・ジョン・ジャダーリはシリアからの留学生でイスラム教徒であった。この2人は結婚することはなかった。ジョアンの父が許さなかったからだ。

伝記『スティーブ・ジョブズ』(ウォルター・アイザック著　井口耕二訳/講談社)によると、「スティーブ・ジョブズは、自分が養子だと小さいころから知っていた」とある。自身の生い立ちが暗い影を落としているのであろう。大学生になると、ユダヤ教やキリスト教、イスラム教など、あらゆる宗教を学び、ヒッピーになってみたりもしたようだ。そして、辿り着いたのが瞑想であった。

ジョブズはアップル社に復帰する少し前の1995年、アメリカのあるテレビ番組のインタビューに答えている。

ジョブズは、25歳で総資産が1億ドルを超えていたと言われている。そのときの気持ちを問われ、彼は「お金が目的じゃないから、重要とは思わなかった。あのときの私にとって、大切だったのは会社であり、人や自社の製品だった」と答えている。

さらに、「人間は道具をつくることによって、生まれ持った能力を劇的に増幅できる」とし、コンピュータを「史上最強の道具」だと述べている。そして、「私がともに仕事をしてきた真に優秀な人々は、コンピュータをつくることを目的とは思っていない。手段になるからつくっているだけだ」と語っている。

彼は、「お金より大切なもの」が何かを考えていた。そして、コンピュータをつくることを目的とせず、それを使う人が幸せになれることを願って仕事をしてきたのだ。

伝承と伝達を考える経営者になると、人間力が増し、脳は「お金より大切なもの」を考えるようになるとお話しした。

真の喜びとは、命が喜ぶことである。心の純度を高めた「直心」は、自分の魂である。「直心」が持てると、命に感謝せずにはいられなくなる。何のために経営しているのか、何のために仕事をしているのか、何のために生きているのか、そこに迷いがなくなる。やるべきこととやらなくていいことが直感でわかり、判断のスピードも速くなり、やるべきことに対して、疲れ知らずになるのだ。

つまり、「直心」を持つとは、「天運の法則」で生きるということなのである。

ぜひあなたも、「天運の法則」で生きていくために、呼吸法、瞑想を生活に取り入れてみてはいかがだろうか。天運にさらに一歩近づくはずである。

# あとがき

ここまで、私が伝えたいことはすべてお伝えしてきた。皆さんの魂の脳まで届いただろうか。皆さんの魂が何かを感じ取ってくれただろうか。

私もそれなりに長く生きてきた。終わりを意識する年齢になった今、つくづくと思う。人間が生きている期間というのは、長くてせいぜい１００年である。そこで何をやっているかと言うと、やはり伝承・伝達ではないだろうか。

私の父は私が29歳のときに他界した。当時は父から教わったことを29歳の脳でしか受け取れなかった。ところが今は67歳になって、同じことでも違った感覚で受け取っている。

これは脳が成長してきたということもあるのだが、それよりもっとすごいのは、生きている間に父が教えてくれたことに関して、私の脳は父が死んでからもいろいろな情報を取り込み、当時とは違う感覚で受け取っているということである。言い方を換えれば、父は

29歳の私の脳に教えたのではなく、本当は60歳を超えた今の私の脳に教えていたということなのだ。

「天運の法則」を知ったあなたなら理解してもらえると思うが、教育には、生きて人に教えるだけでなく、死んで人に教えるということもあるということなのだ。親子というのは正にそうだと思う。

すぐわかるだけが教育ではない。しかし、教育というのは、脳に入力しておかないと、教えておかないと、それが生きてこないのである。私もそれを実感している。

だからこそ、時には本人が嫌がっても、理解できなくても、脳の奥に重要なデータを送り込む必要があるのだ。

それは、「先祖の歴史」だったり、「日本の成り立ち」だったり、「善と正義」ということもあるかもしれない。

こう考えると、人間は何のために生きているかという答えが見えてくる。それは、伝承・伝達以外の何ものでもない。

人生の終わりに、誰にも何も伝承・伝達できていないとしたら、生きてきた意味がないと言っても過言ではないだろう。

もし人生を意義のある生き方にする方法があるとしたら、それは自分個人の考えや学習ではなくて、先祖や両親や多くの先人たちが正しく生きてきたという環境が教えてくれているのだと思う。

それをちゃんと理解せずに、「先祖なんて関係ない」「日本なんて関係ない」「自分だけよければいい」という人は、国も滅ぼしてしまうに違いない。

世界中の人が「天運」を感じていたら、おそらく戦争は減るはずである。「天運」を感じていないから、やたらと戦うことを選ぶのだと断言できる。

本書の最後に「天運の法則」を読んでくれたあなたにお願いがある。

今のあなたが感じ取れることと、5年後、10年後のあなたが感じ取れることは違う。「天運の法則」は、すべての方に1回の人生を有意義に生きてもらうための、ある意味でのバイブルだと考えている。それは「真の親孝行」とは何かということであったり、「天との約束」もそうだし、「無知の知」ということもある。

ぜひ、人生の転機やステージが変わる際などに、この本を読み返してみてほしい。今のあなたとは違うあなたに伝えたいことが、この本にはたくさんあるはずだからだ。

そして、もう一つお願いがある。

人類はこれからも間違いなく成長、発展していく。１００年後には我々はもう生きていないかもしれないが、これから１００年後の人たちの状況は、今生きている我々が頑張ってきたことがベースになり、１００年後に伝承・伝達されて、今よりきっと幸せになるはずである。

逆に言うと、今から１００年前の戦争に入っていく日本人は大変だった。今の日本人は、１００年前の日本人から見たら非常に裕福で幸せである。

その１００年前の人も、数百年前に殺し合いをしていた時代の人よりはまだ幸せだったわけである。

人類は幸せに向かって生きていると言える。それはすべて、伝承・伝達によってつくり上げられていくのだ。決してあなた一代でつくっているわけではない。

だからこそ、未来の人に対して、我々にも伝承・伝達をするという役割がある。

簡単に言うと、素晴らしい人類の未来があるということは、非常に頑張った過去の人たちがいるということなのだ。我々もそうだった。

そして、素晴らしい未来の子孫のために、素晴らしい未来の人類のために、今我々にできることを行ってほしい。

目の前のところで構わない。社員さんやお子さんやお孫さんや、場合によっては取引先さんなどに対して、この「天運の法則」の伝達をしていただきたい。

それをお願いして筆を擱くことにする。

2017年2月

西田文郎

## 参考文献・参考ウェブサイト


『論語』吉田賢抗著／明治書院

『続日本紀』早川庄八著／岩波書店

『目で見る脳の働き』ロバート・ウィンストン著　町田敦夫訳／さ・え・ら書房

『会社の中の権力者、道化師、詐欺師　リーダーシップの精神分析』金井壽宏著／創元社

『権威』後藤静香著／善本社

『日本人を狂わせた洗脳工作 いまなお続く占領軍の心理作戦』関野通夫著／自由社

『武士道』新渡戸稲造著　矢内原忠雄訳／岩波書店

『禅と武士道』渡辺誠著／ベストセラーズ

『山岡鉄舟』大森曹玄著／春秋社

『山岡鉄舟　剣禅話』山岡鉄舟著　高野澄訳／徳間書店

『田中清玄自伝』田中清玄著／文芸春秋

『21世紀こども百科　もののはじまり館』小学館

『市販本　新しい歴史教科書』扶桑社

『日本の神話と神様手帖』秦まゆな著／マイナビ

『小倉昌男 経営学』小倉昌男著／日経ＢＰ社

『スティーブ・ジョブズⅠ』ウォルター・アイザックソン著　井口耕二訳／講談社

『スティーブ・ジョブズII』ウォルター・アイザックソン著　井口耕二訳／講談社
『アインシュタイン150の言葉』ジュリー・メイヤー&ジョン・P・ホームズ編／ディスカバー・トゥエンティワン
『強運の法則』西田文郎著／経営合理化協会出版局
『人望の法則』西田文郎著／経営合理化協会出版局
『ツキの最強法則』西田文郎著／ダイヤモンド社
『その気の法則』西田文郎著／ダイヤモンド社
『予感力』西田文郎著／イースト・プレス
『エジソン脳をつくる「脳活」読書術』西田文郎著／エンターブレイン
『一瞬で人生が変わる恩返しの法則』西田文郎著／ソフトバンク クリエイティブ
『仕方ない理論』西田文郎著／徳間書店
『錯覚の法則』西田文郎著／大和書房
『No.1理論』西田文郎著／現代書林
『面白いほど成功するツキの大原則』西田文郎著／現代書林
『人生の目的が見つかる魔法の杖』西田文郎著／現代書林
『ツキを超える成功力』西田文郎著／現代書林
『10人の法則』西田文郎著／現代書林
『かもの法則』西田文郎著／現代書林

『No.1メンタルトレーニング』西田文郎著／現代書林
『No.1営業力』西田文郎著／現代書林
『No.2理論』西田文郎著／現代書林
『ビジネスNo.1理論』西田文郎監修　西田一見著／現代書林
『人口推計』平成28年6月20日　総務省統計局

宮内庁・ウェブサイト　http://www.kunaicho.go.jp/
竹中工務店・ウェブサイト　http://www.takenaka.co.jp/
虎屋・ウェブサイト　https://www.toraya-group.co.jp/
山本山・ウエブサイト　https://www.yamamotoyama.co.jp/
月桂冠・ウェブサイト　http://www.gekkeikan.co.jp/
田中直染料店・ウェブサイト　http://www.tanaka-nao.co.jp/
仙台勝山館ウェブサイト　http://www.shozankan.com/
金剛組・ウェブサイト　http://www.kongogumi.co.jp/
竹茗堂・ウェブサイト　http://www.chikumei.com/
トヨタ自動車・ウェブサイト　http://toyota.jp/
パナソニック・ウェブサイト　http://www.panasonic.com/jp/

著者略歴

# 西田文郎 にしだ ふみお

**株式会社サンリ 会長　西田塾 塾長　西田会 会長**

1949年生まれ。日本におけるイメージトレーニング研究・指導のパイオニア。1970年代から科学的なメンタルトレーニングの研究を始め、大脳生理学と心理学を利用して脳の機能にアプローチする画期的なノウハウ『スーパーブレイントレーニングシステム（SBT）』を構築。日本の経営者、ビジネスマンの能力開発指導に多数携わり、驚異的なトップビジネスマンを数多く育成している。この『SBT』は、誰が行っても意欲的になってしまうとともに、指導を受けている組織や個人に大変革が起こって、生産性が飛躍的に向上するため、自身も『能力開発の魔術師』と言われている。

経営者の勉強会として開催している『西田塾』には全国各地の経営者が門下生として参加、毎回キャンセル待ちが出るほど入塾希望者が殺到している。

また、世の中の多くの方々を幸福に導くために、「ブレイントレーニング」をより深く学んで実践できる、通信教育を基本とした『西田会』も開設している。

さらに、ビジネス界だけでなく、スポーツの分野でも科学的なメンタルトレーニング指導を行い、多くのトップアスリートを成功に導いている。

著書に、『No.1理論』『面白いほど成功するツキの大原則』『10人の法則』『かもの法則』『No.1営業力』『No.2理論』（現代書林）、『強運の法則』『人望の法則』（日本経営合理化協会出版局）、『ツキの最強法則』（ダイヤモンド社）、『仕方ない理論』（徳間書店）、『錯覚の法則』（大和書房）など多数ある。

**西田文郎 公式ウェブサイト**　http://nishida-fumio.com/
**西田文郎 フェイスブック**　https://www.facebook.com/nishidafumio.sanri
**株式会社サンリ ウェブサイト**　http://www.sanri.co.jp/

# 天運《てんうん》の法則《ほうそく》

２０１７年　４月１７日　初版第１刷
２０２２年　３月３０日　　　第３刷

著　者 ―――――― 西田文郎《にしだふみお》

発行者 ―――――― 松島一樹

発行所 ―――――― 現代書林

〒162-0053 東京都新宿区原町 3 -61 桂ビル
電話 03（3205）8384（代表）
振替 00140-7-42905
http://www.gendaishorin.co.jp/

ブックデザイン ――― ベルソグラフィック
写　真 ―――――― 毎日新聞社　PIXTA　shatter stock
印　刷 ―――――― 広研印刷㈱
製　本 ―――――― ㈱積信堂


定価はカバーに表示してあります。

万一、落丁・乱丁のある場合は購入書店名を明記の上、小社営業部までお送りください。

送料は小社負担でお取り替え致します。

この本に関するご意見・ご感想をメールでお寄せいただく場合は、info@gendaishorin.co.jp まで。




ISBN978-4-7745-1618-9 C0034